kochZEIT

Köstliches aus dem MULTI-Dampfgarer

Vorwort

Seit vielen Jahren erfreuen sich die Workshops und Kochshows von AEG-Electrolux großer Beliebtheit bei passionierten Hobbyköchen und solchen, die es noch werden wollen. Am Rande dieser Veranstaltungen wird immer wieder nach Kochbüchern mit Rezepten speziell für den Dampfgarer gefragt. Auch über die Web-Community auf www.kochzeit.at gibt es ähnliches Feedback.

Die Idee, ein eigenständiges Kochbuch zu diesem Thema zu gestalten, war also nahe liegend und hat dann auch recht schnell Gestalt angenommen. Da ich seit Jahren beruflich, aber auch privat mit großer Begeisterung mit dem Dampfgarer arbeite, bin ich der Anfrage von AEG-Electrolux gerne nachgekommen und habe das Team von www.kochzeit.at bei der Auswahl und beim Nachkochen der Rezepte unterstützt. Das Ergebnis ist ein Kochbuch, das wirklich auf die vielfältigen Zubereitungsmöglichkeiten moderner MULTI-Dampfgarer zugeschnitten ist.

Viel Spaß beim Schmökern und Nachkochen wünscht Ihr

Dipl. Diätkoch Franz Stolz

Inhalt

Dampfgaren – eine kleine Kulturgeschichte

Die Zubereitung von Speisen mit Dampf ist keineswegs eine neuzeitliche Erfindung, sondern lässt sich kulturgeschichtlich bis zur Han-Dynastie im China des 3. vorchristlichen Jahrhunderts zurückverfolgen und war schon den Römern bekannt. Auch zwischenzeitlich geriet die Kulturtechnik des sanften Garens nie ganz in Vergessenheit, aber erst heute, in Verbindung mit moderner Küchentechnik, erlebt sie eine wahre Renaissance.

Zunächst gilt es zwischen dem Dampfgaren mit Druck und drucklosen Verfahren zu unterscheiden. Beim Garen mit Überdruck geht es in erster Linie darum, die Garzeiten zu verkürzen. Beim drucklosen Dampfgaren, wie es bei modernen MULTI-Dampfgarern zum Einsatz kommt, steht dagegen der Erhalt von Konsistenz, Farbe, Aroma und Vitaminen des Gargutes bei gleichzeitig vereinfachter Bedienung im Vordergrund.

Die ersten Vorreiter auf dem Gebiet waren die alten Chinesen, die sogar schon ziemlich ausgereifte Töpfe mit separaten Kammern für Dampferzeugung und Gargut benutzten. Nicht wegzudenken aus der asiatischen Küche sind auch die gestapelten Bambuskörbe, welche aus einem darunter liegenden Wok mit Dampf versorgt werden. Unzählige Garküchen, die Imbisse aus Nudeln und Teigtaschen anbieten, prägen bis heute das Bild vieler asiatischer Städte. Durch Ausgrabungen wissen wir aber, dass auch die Römer ähnliche Vorrichtungen kannten.

Mit dem Mittelalter ging in Europa auch viel von der mitunter bereits recht raffinierten Küchenkultur der Antike verloren. Das reine Dampfgaren verschwand für Jahrhunderte aus den Küchen. Allerdings war es zur Zeit der Holz- und Kohleherde – also bis ins 20. Jahrhundert hinein – üblich, einen Topf mit Wasser ins Backrohr zu stellen. Auch wenn das natürlich nicht ausreichte, um die Speisen im eigentlichen Sinne im Dampf zu garen, so verhalf diese Methode doch zu garantiert saftigen Braten und knusprigen Brotkrusten.

Den nächsten Meilenstein in der Geschichte des Dampfgarens verdanken wir dem französischen Physiker Dennis Papin, welcher Ende des 17. Jahrhunderts den Druckkochtopf erfand. Als er das Prinzip erstmals der noblen Royal Society präsentieren wollte, endete die Vorführung publikumswirksam mit einer zünftigen Dampfexplosion vor den Augen der leicht irritierten Gelehrten. Papin ließ sich aber nicht beirren und erfand auf der Suche nach einer Lösung gleich auch das Sicherheitsventil, wie es bis heute für Druckkochtöpfe verwendet wird. Die kleine Anekdote lässt erahnen, warum der Druckkochtopf erst viel später, im 20. Jahrhundert, in Form des sogenannten Siko (Sicherheitskochtopf) Einzug in die Küche gehalten hat und selbst dann noch stets etwas argwöhnisch betrachtet wurde.

Das Prinzip des Druckkochtopfes beruht auf einem thermodynamischen Gesetz, demnach der Siedepunkt des Wassers vom

Außendruck abhängig ist. Bei den ca. 2 bar im abgeschlossenen Topf siedet das Wasser erst bei 120 statt 100 °C, die höhere Temperatur verkürzt den Garvorgang.
Was den Erhalt von Farbe, Form und Vitalstoffen betrifft, sind die Vorteile des Druckverfahrens im Vergleich zum normalen Kochen aber gering, und im Druckkochtopf lassen sich ohnehin eher nur einzelne Zutaten, nicht aber ganze Speisen zubereiten.

In den 1970er- und 80er-Jahren kam kurzzeitig der sogenannte Römertopf in Mode, eine Kasserolle aus unglasierter Keramik. Das Prinzip dahinter ähnelt dabei der Praxis vieler Naturvölker, Fleisch über dem Feuer oder in der Asche in einem Mantel aus Lehm im eigenen Saft zu garen. Das Garen im Römertopf erfolgt meist ohne oder mit nur geringer Zugabe von Fett und Flüssigkeit, Aroma und Nährstoffe bleiben erhalten.
Diesen prinzipiellen Vorteilen stehen allerdings einige gravierende praktische Nachteile gegenüber: Das Tongeschirr hat natürlich im Vergleich zu modernen MULTI-Dampfgarern ein sehr eingeschränktes Repertoire. Dazu kommt, dass sich die offenporige Keramik nicht wirklich hygienisch einwandfrei reinigen lässt und obendrein sehr leicht zerspringt.

In der Gastronomie hat man daher immer wieder Versuche unternommen, die Vorteile des Dampfgarens mit der unkomplizierten Handhabung moderner Küchentechnik zu kombinieren. Besonders in Frankreich wurde dem drucklosen Dampfgaren im Profibereich unter dem Schlagwort „Vita Cuisine" besondere Aufmerksamkeit gewidmet.

Schon in den 1980er-Jahren kamen die ersten Geräte für den privaten Gebrauch auf den Markt. Meistens handelte es sich dabei um modernisierte Abwandlungen der alten asiatischen Bambuskörbe. Bei solchen Tischdampfgargeräten werden mehrere gelochte Kunststoff- oder Metalleinsätze aus einer elektrisch beheizten Wasserschale mit Dampf versorgt.

Gleichzeitig gab es aber auch Anstrengungen, die Funktionen von Dampfgarer und Backrohr zu einem alltagstauglichen Gerät zusammenzuführen. Dabei zeigte sich, dass sich mit der Kombination etwa aus Heißluft, Grill, Ober-/Unterhitze und verschiedenen Dampfgar-Intervallen ganz besondere kulinarische Ergebnisse erzielen lassen, die in dieser Art sonst gar nicht oder nur mit sehr langwierigen Prozeduren machbar sind. Gleichzeitig spart das Two-in-one-Prinzip natürlich auch Platz in der Küche.

Die daraufhin entwickelten sogenannten MULTI-Dampfgarer konnten sich in den letzten Jahren aufgrund dieser Vorteile mehr und mehr durchsetzen. Die ersten Geräte waren oft noch auf einen Wasseranschluss angewiesen, der natürlich in der Einbaunische des Herdes meist nicht vorgesehen ist. Neuere Modelle verfügen dagegen über einen separaten Wassertank.

Mit vorwählbaren, genau auf bestimmte Speisearten abgestimmten Garprogrammen können moderne Multifunktionsgeräte das Potenzial des Dampfgarens voll nutzen, ohne dass dabei Abstriche bei Bedienungsfreundlichkeit und nötigem Zeitaufwand gemacht werden müssen.

Technische Meilensteine – vom Tischgerät zum MULTI-Dampfgarer

Während in der professionellen Gastronomie, besonders in Frankreich, die Zubereitung mit drucklosem Dampf schon lange Zeit fixer Bestandteil des gastronomischen Repertoires ist, erlebt das Dampfgaren in privaten Haushalten erst seit den 1990er-Jahren einen – dafür umso rasanteren – Boom. Die Gründe dafür liegen zum einen in der zunehmenden Beliebtheit asiatischer Gerichte, zum anderen aber auch ganz einfach in einem gesteigerten Gesundheitsbewusstsein, das sich an der Häufigkeit von Schlagworten wie „Wellness", „Balance" oder „Vital" nachvollziehen lässt.

Die ersten Geräte für den privaten Gebrauch bieten allerdings noch nicht jene Vielfalt an Funktionen und Zubereitungsarten, die damals in der Gastronomie bereits Stand der Technik ist. Dafür sind sie kleiner und bei weitem nicht so kostspielig wie die Profi-Geräte. Typisch für diese erste Generation sind sogenannte Tischdampfgarer mit einzeln herausnehmbaren Garkörben. Mit einer vergleichbaren Technik arbeiten drucklose Gartöpfe, bei denen die Dampferzeugung allerdings nicht wie bei Tischdampfgarern mit einer eigenen Heizquelle, sondern ganz einfach mittels der Herdplatte erfolgt.
Die Nachteile dieser einfachen Systeme liegen auf der Hand: Temperatur und Feuchtigkeit lassen sich nicht regeln, und die Zubereitung ist rein auf das Dämpfen beschränkt. Bei Rezepten, die eine Kombination aus verschiedenen Zubereitungsarten erfordern, müssen die Speisen womöglich zwischendurch wieder in die Pfanne oder den Backofen verfrachtet werden – das kostet Zeit und kann natürlich auch zu einer Austrocknung führen, welche die positiven Effekte des Dampfgarens wieder relativiert. Nur zum einfachen Garen von Gemüse oder weniger aufwändigen Speisen kann ein Tischdampfgarer aber durchaus praktisch sein. Unerfreulich ist allerdings wiederum, dass damit ein zusätzliches Küchengerät anfällt, welches ja auch irgendwo verstaut werden muss.

Der nächste logische Schritt in der technischen Entwicklung ist also die Kombination von Backrohr und Dampfgarer. Der sogenannte Systemdampfgarer ist nichts anderes als ein geschlossenes Gefäß aus hitzefestem Glas oder Kunststoff mit einem Locheinsatz, welches wie eine Backform ins Backrohr eingeschoben und mit etwas Wasser vorgefüllt wird. Zur Verdampfung wird einfach die Unterhitze des Backrohrs verwendet. Auf den zweiten Blick offenbaren sich allerdings auch bei diesem scheinbaren Two-in-one-System ähnliche Schwächen wie bei Tischdampfgarer und Gartopf: Im Endeffekt kann immer nur eine Funktion gleichzeitig genutzt werden und eine Feineinstellung von Gartemperatur und Feuchtigkeit im Garraum ist nicht möglich. Außerdem muss das Dampfgarsystem für den normalen Betrieb des Backrohrs wieder mit einigen Handgriffen demontiert werden – und verbraucht damit erst recht auch wieder zusätzlichen Stauraum.

Die technische Herausforderung ist also, gesundes Dampfgaren komplett in die sonstige Funktionalität eines Backofens zu

VITAL-DAMPF
96°C
14,15
OPTION
OK
EIN
SCHNELL

integrieren. Vorreiter auf diesem Gebiet war der Hausgerätehersteller Juno (heute Juno-Electrolux), der bereits Mitte der 1980er-Jahre ein Gerät mit sogenannter Dampfeinsprühung vorgestellt hat. Dabei wird beim normalen Backvorgang separat erzeugter Dampf zugeführt, diese Funktion entspricht in etwa dem Intervallgaren bei modernen MULTI-Dampfgarern. Ein zusätzlicher Gareinsatz im Backrohr ist dabei nicht mehr notwendig, und im Gegensatz zu vielen später vorgestellten Geräten anderer Fabrikate bedarf dieses System auch keines fixen Wasseranschlusses. Das zur Dampferzeugung benötigte Wasser kann bei Bedarf über einen Einlass in der Bedienblende nachgefüllt werden.

Mit den Fortschritten in der Mikroelektronik ergeben sich schließlich noch vielfältigere Möglichkeiten der Kombination von Backrohr und Dampfgarer. Der MULTI-Dampfgarer von AEG-Electrolux etwa nutzt diese Möglichkeiten perfekt aus und bietet neben drei Dampfgarvarianten auch zehn zusätzliche Beheizungsarten:

- VITAL-Dampfgaren – für Obst, Gemüse, Fisch und Beilagen, wie Reis und Knödel
- INTERVALL-Dampfgaren – für alles, was außen knusprig und innen saftig gelingen soll – wie z. B. Braten, Aufläufe
- INTERVALL-PLUS-Dampfgaren – für Puddings, Flans, Soufflés, Aufläufe und Terrinen

Dazu kommen dann die aus modernen Backöfen bekannten Beheizungsarten: Heißluft mit Ringheizkörper, PIZZA-Stufe, Ober- und Unterhitze, Infrabraten, Großflächengrill, Grill, Warmhalten, Auftauen, separate Unterhitze und BIO-Garen.

Beim KOMBI-Dampfgaren können die drei Dampfgarvarianten auch individuell mit diesen konventionellen Beheizungsarten kombiniert werden – für das rationelle Garen kompletter Menüs in einem Arbeitsgang. In Sachen Komfort und kulinarischer Möglichkeiten ist eine solche multifunktionale All-in-one-Lösung kaum mehr mit einem Tischgerät oder einem Systemdampfgarer zu vergleichen.

So erobern MULTI-Dampfgarer nach dem professionellen Bereich nun mehr und mehr auch die privaten Haushalte – ein Trend, der nicht zuletzt auch in Hinblick auf die Bedeutung gesunder Ernährung durchaus erfreulich ist.

DAMPFGAR-TABELLEN

Die in den Gartabellen angegebenen Zeiten sind Richtwerte und variieren nach Größe, Menge und Qualität der verwendeten Produkte. Natürlich sind hier persönliche Vorlieben und Erfahrungen maßgeblich.

FLEISCH, FISCH, GEFLÜGEL

Braten regenerieren, ca. 1,5 kg	45 – 50 Minuten	z. B. Kalbsschulter, Schweinehals
Leberkäse, in Schnitten	15 – 20 Minuten	
Frankfurter	15 Minuten	
Stelze	100 Minuten	
Geselchtes, Selchripperl, ca. 1 kg	60 Minuten	vorher 1 Stunde in kaltes Wasser legen
Rollschinken, ca. 1 kg	60 Minuten	ohne Folie in den Garbehälter legen
Tafelspitz, je nach Gewicht	90 – 120 Minuten	in Gemüsesud, Bouillon
Lammragout, Eintopf	90 Minuten	
Fischfilets	15 Minuten	
Fischwürfel, ca. 3 cm dick	20 Minuten	
Forelle, ganz	25 – 35 Minuten	auf Gemüsebett oder im Sud (Forelle blau)
Muscheln	15 – 20 Minuten	
Crevetten	15 – 20 Minuten	
Hühnerbrüstchen	20 Minuten	

BEILAGEN

Teigwaren regenerieren	12 – 15 Minuten	vor dem Regenerieren mit einer Gabel lockern
Frischteigwaren (z. B. Ravioli)	20 – 25 Minuten	mit Flüssigkeit auf ½ Höhe der Teigwaren
Knödel	30 – 40 Minuten	ohne Zusatzflüssigkeit
Polenta	45 – 50 Minuten	1 Teil Mais, 1 Teil Flüssigkeit
Reis, Parfumreis	20 – 25 Minuten	1 Teil Reis, 1 Teil Wasser
Reis, Trockenreis	35 – 40 Minuten	1 Teil Reis, 2 Teile Flüssigkeit
Risotto	30 – 35 Minuten	1 Teil Reis, 2 Teile Flüssigkeit
Linsen, rot	20 – 30 Minuten	1 Teil Linsen, 1 Teil Bouillon
Linsen, grün und braun	60 Minuten	1 Teil Linsen, 3 Teile Bouillon

EIER UND EIERPRODUKTE

Ei, Frühstücksei	12 Minuten
Ei, hart gekocht	20 Minuten
Eierstich	15 – 20 Minuten

FRÜCHTE

Apfelspalten	10 - 20 Minuten	
Heiße Beeren	10 - 15 Minuten	
Himbeeren entsaften	30 Minuten	Garschale ohne Einsatz, danach absieben
Kompott	20 - 25 Minuten	

GEMÜSE

Artischocke	40 – 50 Minuten	
Aubergine	15 – 25 Minuten	
Bohnen	35 – 40 Minuten	
Bohnen blanchieren	20 – 25 Minuten	nach dem Blanchieren kalt abschrecken
Brokkoliröschen	15 – 20 Minuten	
Erbsen	15 – 25 Minuten	
Fenchel	25 – 35 Minuten	
Gemüse blanchieren	15 Minuten	nach dem Blanchieren kalt abschrecken
Karotten	25 – 35 Minuten	
Kartoffel in der Schale	35 – 50 Minuten	
Salzkartoffeln	25 – 35 Minuten	
Weiß- oder Rotkraut in Streifen	45 – 50 Minuten	
Karfiol	25 – 30 Minuten	
Kohlrouladen	35 – 40 Minuten	
Kürbis, halbiert, entkernt	20 – 30 Minuten	
Kürbis, Würfel	15 – 25 Minuten	
Lauch	25 – 35 Minuten	
Paprika	15 – 25 Minuten	
Rote Rüben	70 – 90 Minuten	
Sauerkraut	60 Minuten	
Schwarzwurzeln, geschnitten	25 – 30 Minuten	
Spargel, grün	25 – 30 Minuten	
Spargel, weiß	30 – 40 Minuten	
Spinat	15 – 20 Minuten	
Stangensellerie	20 – 30 Minuten	
Tomaten	10 – 15 Minuten	
Tomaten enthäuten	10 Minuten	Strunk entfernen, oben einschneiden
Zucchini	15 – 25 Minuten	
Zuckermaiskolben	30 – 40 Minuten	

VITAMINE

Hier erfahren Sie alles über die wichtigsten Vitamine: In welchen Lebensmitteln sie vorkommen, welche Funktion sie im Körper erfüllen, wodurch Mangelerscheinungen entstehen können und welche Menge den täglichen Bedarf deckt.

VITAMIN	Vitamin A (Retinol)	Vitamin B1 (Thiamin)	Vitamin B2 (Riboflavin)
Hauptvorkommen	Lebertran, Leber, Nieren, Käse, Butter, Eigelb, Karotten, dunkelgrüne und gelbe Gemüsesorten, gelbes Obst	Weizenkeime, Vollkorngetreide, Naturreis, Haferflocken, Erbsen, Germ, Leber, Schweinefleisch, Eigelb, Banane	Fleisch, Leber, Seefisch, Vollkorngetreide, Milch, Joghurt, Käse, Eier, grünes Blattgemüse, Bohnen
Funktion	für gesundes Wachstum, Funktion und Schutz von Haut, Augen und Schleimhäuten, zur Steigerung der Produktion von Killerzellen	wichtig für Nervensystem, Kohlenhydratstoffwechsel, Wachstum, Verdauung, bei Leberschäden, Leistungsschwäche, Schwangerschaft, Mückenschutz (hochdosiert)	wichtig für Körperwachstum, Verwertung von Fetten, Eiweiß und Kohlenhydraten, gut für Haut, Haar und Nägel, Sehvermögen, wichtiger Energiebringer, Sauerstofftransport
Erhöhter Bedarf	Raucher, Vegetarier, Sonnenanbeter, bei hohem Alkoholkonsum, bei Einnahme von Abführmitteln, Antibabypille, Antibiotika, blutfettsenkenden Medikamenten, Kortison	bei Diät, Jugendliche in der Pubertät, schwangere und stillende Frauen, bei Alkoholkonsum, Einnahme von Antibabypille, Antibiotika, Chemotherapie	Schwangerschaft, Stillzeit, Fieber, Raucher, ältere Menschen, bei übermäßiger körperlicher Betätigung, bei Einnahme von Antibiotika, Antibabypille, Chemotherapie
Bedarf täglich	ca. 0,8 - 1 mg	ca. 1,2 -1,4 mg	ca. 1,5 - 1,7 mg

VITAMIN	Vitamin B3 (Nicotinsäure)	Vitamin B5 (Pantothensäure)	Vitamin B6 (Pyridoxin)
Hauptvorkommen	Bierhefe, Erdnüsse, Erbsen, Leber, Geflügel, Sardinen, mageres Fleisch, Milch, Eier, Kaffee	Leber, Fleisch, grünes Gemüse, Spargel, Sonnenblumenkerne, Weizenkeime, Vollkornprodukte, Bierhefe	Leber, Fleisch, Bananen, Getreide, Vollkornprodukte, Milchprodukte, Germ, Kartoffeln, Hülsenfrüchte, Karotten
Funktion	Auf- und Abbau von Fett, Eiweiß und Kohlenhydraten, für guten Schlaf, cholesterin- und blutdrucksenkend	gegen Ergrauen, Haarausfall, Haar- und Schleimhauterkrankungen, wird benötigt zum Abbau von Fetten, Eiweißen und Kohlenhydraten, Anti-Stress-Wirkung, Anti-Aging-Wirkung	hilft bei Reisekrankheit, Nervenschmerzen, PMS, zur Stressbewältigung, Entgiftung, Eiweißverdauung, zusammen mit Folsäure wichtigstes Schwangerschaftshormon
Erhöhter Bedarf	bei schwerer körperlicher Arbeit, Fieber, Stress und Anspannung, stillende Mütter	ältere Menschen, Schwangere und Stillende, bei Stressbelastung, chronischen Erkrankungen, starkem Alkoholkonsum, Kaffee- und Teetrinker	bei körperlicher und seelischer Belastung, Untergewicht, vor der Menstruation, bei hoher Eiweißzufuhr oder Alkohol, in Schwangerschaft und Stillzeit, in der Wachstumsphase, bei Einnahme von Antibabypille, Kortison
Bedarf täglich	ca. 15 – 18 mg	ca. 8 mg	ca. 1,6 - 1,8 mg

VITAMIN	Vitamin B7 (Biotin)	Vitamin B9 (Folsäure)	Vitamin B12 (Cobalamin)
Hauptvorkommen	Leber, Milchprodukte, Vollkornprodukte, Blattgemüse, Karfiol, Avocado, getrocknete Eierschwammerl und Steinpilze, Bierhefe	Leber, Weizenkeime, Kürbis, Spinat, Avocado, grünes Blattgemüse, Karotten, Kürbis, Bohnen, Germ, Eigelb	Leber, Milch, Camembert, Eier, Fisch, Fleisch, Bierhefe
Funktion	bei Hauterkrankungen, Haarwuchsschäden, Leberschäden, unterstützt Stoffwechselvorgänge, wird zusammen mit Vitamin K zum Aufbau der Blutgerinnungsfaktoren benötigt, unterstützt Kohlenhydrat- und Fettsäurestoffwechsel	wichtig für Zellteilung, Heilung und Wachstum der Muskeln und Zellen, Eiweißstoffwechsel, Gewebeaufbau, schmerzstillend, hilfreich bei Leberschäden	Aufbau Zellkernsubstanz, Bildung und Regeneration von roten Blutkörperchen, Nervenschmerzen, Haut- und Schleimhauterkrankungen, für die Konzentration, hilfreich bei Leberschäden
Erhöhter Bedarf	bei der Einnahme von Antibabypille, Abführmittel und Antibiotika	Schwangere und Stillende, Raucher, Jugendliche, Einnahme von Antibiotika oder Antibabypille, Konsum von Alkohol	Diabetiker, Schwangere und Stillende, Vegetarier, Veganer, Einnahme von Antibabypille, Antibiotika oder Antikrampfmittel, Chemotherapie
Bedarf täglich	ca. 110 - 130 µg*	ca. 300 - 400 µg*	ca. 5 µg*

VITAMIN	Vitamin C (Ascorbinsäure)	Vitamin D (Calciferole)	Vitamin E (Tocopherol)	Vitamin K (Phyllochinon)
Hauptvorkommen	Hagebutten, Sanddorn, Petersilie, Zitrusfrüchte, Johannisbeeren, Paprika, Brokkoli, Kohl, Spinat, Gemüse, Rettich	Lebertran, Leber, Milch, Eier, Butter, Meeresfische, Hering, Avocado	Sonnenblumen-, Mais-, Soja- und Weizenkeimöl, Margarine, Nüsse, Leinsamen, Schwarzwurzel, Kohl, Avocado	Eier, Leber, Grünkohl, grünes Gemüse, Sauerkraut, Zwiebeln, Haferflocken, Kiwi, Tomaten, Kresse
Funktion	für schnellere Wundheilung, stärkt Immunsystem, entzündungs- und blutungshemmend, für Zellschutz, aktiviert Enzyme, Aufbau von Bindegewebe, Knochen und Zahnschmelz	regelt Kalzium- und Phosphathaushalt, fördert Knochenaufbau und Kalziumaufnahme, stärkt das Nerven- und Immunsystem	stärkt Immunsystem, entzündungshemmend, Schutz vor freien Radikalen, reguliert Cholesterinwerte und Hormonhaushalt, wichtig für Blutgefäße und Fortpflanzungsorgane	erforderlich für Bildung der Blutgerinnungsfaktoren
Erhöhter Bedarf	Raucher, Schwangere und Stillende, ältere Menschen, Alkoholkonsum, bei Einnahme von Antibabypille, Antibiotika, Antirheumatika, Kortison, Schmerzmittel	Säuglinge, ältere Menschen, bei Einnahme von Abführmitteln, Antibabypille, Antibiotika, blutfettsenkenden Medikamenten, Kortison, Schlafmittel	Einnahme von Abführmitteln und blutfettsenkenden Medikamenten, bei hohem Alkoholkonsum	Säuglinge, bei hohem Alkoholkonsum, Einnahme von Abführmitteln, Antibabypille, Antibiotika
Bedarf täglich	ca. 75 - 200 mg	ca. 5 - 12 µg*	ca. 12 mg	ca. 1,3 - 1,5 mg

* 1 µg = ein Millionstel Gramm

FLEISCHGERICHTE

4 Portionen | Aufwand: 1,5 Stunden

GAREN:
Intervall Plus 130 °C 1 Stunde
Haut überkrusten: Infrabraten 200 °C 15 Minuten

Gefülltes Maishendl

2 Stk. Maishendl

Füllung:
200 g Semmelwürfel
1 Zwiebel
2 Eier
240 ml Milch
Salz, Pfeffer

Fülle: Zwiebel schneiden und mit den Semmelwürfeln mischen, würzen. Ei und warme Milch beigeben, die Masse sehr weich halten und 10 Minuten durchziehen lassen.

Hendl mit Salz, Pfeffer, eventuell Paprika oder Hendlgewürz würzen. Die Füllung in den Bauchraum geben.

Braten: Huhn auf einen Rost legen und die Fettwanne darunter geben. Im Dampfgarer zubereiten. Nach abgelaufener Zeit mit dem Überkrusten beginnen.

Tipp:
Möchten Sie, dass sich eine Sauce bildet, so legen Sie die ausgelösten Knochen mit Wurzelgemüse, etwas Tomatenmark, Weißwein und Wasser unter das Geflügel!

4 Portionen | Aufwand: 60 Minuten

GAREN:
Kohlblätter: Vital Dampf 96 °C 15 Minuten
Kohlpäckchen: Vital Dampf 96 °C 25 Minuten

Hühnerbrust

im Kohlmantel mit Haselnussbutter

4 Stk. Maishendlbrust
8 Kohlblätter

Füllung:
1 Zwiebel
1 Karotte
1/2 Petersilwurzel
250 g Champignons
1 EL Butter
1 EL Sauerrahm
2 Eigelb
2 EL Petersilie, gehackt
Salz, Pfeffer

Nussbutter:
1 EL Butter
50 g Haselnüsse, gehackt

150 g Muskattrauben
2 EL Kristallzucker

Zwiebel, Karotte und Petersilwurzel schälen, Champignons putzen, alles fein würfeln. In einer Pfanne 2 EL Butter zerlassen, das Gemüse unter Rühren einige Minuten anbraten. Überkühlen lassen. Sauerrahm unterrühren, mit Salz und Pfeffer würzen. Eigelb und gehackte Petersilie unterziehen, nochmals abschmecken. Bei den Kohlblättern den Strunk und die dicke Mittelrippe im Blatt ausschneiden. Im Dampfgarer blanchieren und im Eiswasser abschrecken. Hendlbrust würzen.

In die Mitte jedes Kohlblattes 1–2 EL der Pilzfüllung geben. Hühnerbrust darauflegen. Restliche Füllung auf den Filets verteilen. Das Blatt zu einem Päckchen schließen, mit der Naht nach unten in den Dämpfeinsatz legen und im Dampfgarer zubereiten. Gehackte Haselnüsse in zerlassener Butter bräunen, die Kohlpäckchen mit der Nussbutter beträufeln und servieren.

Für die Trauben Kristallzucker in einer Pfanne schmelzen und die Traubenstücke zugeben, kurz durchschwenken und warm halten. Mit der aufgeschnittenen Hühnerbrust servieren.

4 Portionen | Aufwand: 30 Minuten

GAREN:
Vital Dampf 96 °C 25 Minuten

FLEISCHGERICHTE
FISCHGERICHTE
VEGETARISCHES
SÜSSES & DESSERTS

Königsberger Klopse

Klopse:
500 g Faschiertes, gemischt
1 Zwiebel
1 Ei
1 Semmel
Salz, Pfeffer

Sauce:
300 ml Rindssuppe
1 EL Kapern
100 ml Schlagobers

zum Binden:
3 EL Butter
3 EL Mehl

Dekoration:
1 EL Schnittlauch, geschnitten

Semmel in warmem Wasser einweichen und mit Faschiertem, Ei sowie der klein geschnittenen Zwiebel vermengen, mit Salz und Pfeffer würzen. Aus der Menge 12 Kugeln formen. Aus Butter und Mehl kleine Fett-Mehl-Kügelchen formen. Alles zusammen in einen ungelochten Garbehälter geben. Mit heißer Suppe übergießen und im Dampfgarer zubereiten.
Die Sauce mit dem Schlagobers glatt rühren, Kapern hinzufügen und abschmecken. Schnittlauchröllchen darüberstreuen.

Tipp:
Als Beilage reichen Sie Reis, den Sie schon 15 Minuten vorher in den Dampfgarer geben.

4 Portionen | Aufwand: 30 Minuten

GAREN:
Ente: Infrabraten 190 °C 10 Minuten (unterer Einschub)
Pak Choi: Vital Dampf 96 °C 10 Minuten

Ente kross und saftig

2 Stk. Entenbrust
1 TL Salz
Pfeffer, Kräuter

Sauce:
1 EL Zucker
2 EL Sojasauce
1 EL Tomatenmark
Balsamico
Rotwein
1 Rosmarinzweig
1 EL Maisstärke
1 EL Butter

2 Stk. Pak Choi
Salz, Pfeffer

Ente salzen und würzen. Die Haut einschneiden und auf der Hautseite in einer Pfanne mit etwas Öl braun anbraten, dann in das tiefe Backblech mit der Hautseite nach oben legen und im Dampfgarer zubereiten. Danach 3 Minuten rasten lassen.
Für die Sauce den Zucker in einer Pfanne bräunen. Mit etwas Balsamico, Sojasauce, Tomatenmark, Rosmarin und Rotwein ablöschen, leicht einkochen lassen und die Butter einrühren – nicht mehr kochen lassen.
Pak Choi halbieren, würzen und im Dampfgarer zubereiten.
Mit der aufgeschnittenen Entenbrust und der Sauce anrichten.

Tipp:
Kleinen Bratapfel oder Apfelscheiben in einer Pfanne karamellisieren und goldgelb braten.
Als Beilage eignen sich Serviettenknödel oder Polenta sowie Blaukraut mit Kastanien, Ananas oder Äpfel.

4 Portionen | Aufwand: 30 Minuten

GAREN:
Intervall Dampf 210 °C 30 Minuten, vorheizen!

Hendlbrust
in der Kartoffelkruste

4 Stk. Maishendlbrust
Salz
Koriander, gemahlen
Paprikapulver

Kruste:
1 Ei
2 Kartoffeln
2 Süßkartoffeln
2 EL Pflanzenöl

Beide Kartoffelarten schälen und mit einer Küchenreibe grob raspeln. In kaltes Wasser legen, damit die Stärke ausgeschwemmt wird. Von der Hendlbrust die Haut abziehen, mit Salz, gemahlenem Koriander und Paprikapulver würzen. Ei in einem Suppenteller versprudeln. Kartoffelraspeln aus dem Wasser nehmen und gut ausdrücken. In einer Schüssel mit etwas Öl mischen. Hendlbrust in Ei tauchen und dick mit den geraspelten Kartoffeln panieren. Auf das Patisserieblech oder Backblech legen. Im Dampfgarer zubereiten.
Vor dem Servieren über die Kruste salzen!
Eventuell Sauerrahm-Dip und Blattsalat als Beilage servieren.

Tipp:
Tomatensalsa:
10 Kirschtomaten mit 1 fein geschnittenen roten Zwiebel, Chili und Olivenöl sowie dem Saft von 1 Zitrone verrühren und in kleinen Gläsern servieren.

4 Portionen | Aufwand: ca. 2 Stunden

GAREN:
Braten: Intervall Plus 130 °C 90 Minuten
Überkrusten: Infrabraten 180 °C 10–15 Minuten

Hirschbraten

in Thymian-Parmesankruste

1 kg Hirschnuss
4 Thymianzweige
2 TL Senf
Salz, Pfeffer

Kruste:
120 g Butter
120 g Parmesan
120 g Semmelbrösel
2 Thymianzweige
Salz

Speckbohnen:
300 g breite Bohnen
1 kleine Zwiebel, fein geschnitten
1 kleine Knoblauchzehe
100 g Frühstücksspeck in Scheiben
Thymian

Thymianblätter abzupfen, Fleisch mit Senf bestreichen, salzen und pfeffern. In einer ungelochten Garschale im Dampfgarer zubereiten. Für die Kruste die Butter schaumig rühren, Parmesan, Brösel, Thymianblätter einrühren und abschmecken. Nach dem Dämpfen den Braten aus dem Rohr nehmen, Garfond abgießen und Dampfgarer zum Überkrusten vorheizen. Ist die Temperatur zum Überkrusten erreicht, die Kruste ca. 1 cm dick auftragen und sofort im Dampfgarer überkrusten.
Für die Speckbohnen die Bohnen im Dampfgarer bei 96 °C Vitaldampf ca.10 Minuten dämpfen. Speck und Zwiebel in einer Pfanne anbraten, die Bohnen zugeben und mit Salz und Pfeffer abschmecken.
Den Hirschbraten tranchieren und auf Kräuterzweigen mit den Speckbohnen anrichten.

Tipp:
Aus dem Garfond kann mit gehacktem Wacholder, Gin und Schlagobers eine aromatische Sauce hergestellt werden.

4 Portionen | Aufwand: ca. 2 Stunden

GAREN:
Vital Dampf 96 °C 2–2,5 Stunden oder Fleischspieß auf 85 °C einstellen

Tafelspitz mit Semmelkren

1 kg Tafelspitz
1 Zwiebel
1 Karotte
1/2 Stange Lauch
1/2 Sellerie
1 Petersilwurzel
Salz
5 Pfefferkörner
1 Lorbeerblatt
4 Wacholderbeeren
1 Msp. Muskatnuss, gemahlen
1 Bund Schnittlauch zum Bestreuen

Semmelkren:
1 Semmel
5 EL Schlagobers
1 EL Kren
Salz, Pfeffer

Karotte, Sellerie und Petersilwurzel schälen, mit dem Lauch in Scheiben schneiden. Zwiebel halbieren und mit den Gewürzen in ein tiefes Backblech geben. Das Fleisch auf das Gemüse legen und kräftig darübersalzen. Im Dampfgarer zubereiten.
Die Semmel in Stücke schneiden und in einer kleinen Schüssel mit dem Schlagobers angießen, ca. 30 Minuten vor Garzeitende die Schüssel in den Dampfgarer dazustellen.
Nach dem Ende der Garzeit das Fleisch aufschneiden und mit der Rindssuppe, die sich im Backblech aus dem Gemüse und dem Fleisch gebildet hat, servieren.
Die aufgeweichte Semmel mit Kren verrühren, salzen, pfeffern, eventuell mit etwas Suppe verdünnen und zum Fleisch reichen.

Tipp:
Auch Apfelkren oder geröstete Kartoffeln passen gut zu diesem österreichischen Nationalgericht!

4 Portionen | Aufwand: 1,5 Stunden

GAREN:
Püree: Vital Dampf 96 °C 45 Minuten
Rouladen: Vital Dampf 96 °C 30 Minuten

Kalbsroulade

mit Morchelsauce und Sellerie-Kartoffelpüree

4 Stk. Kalbsschnitzel
400 g Blattspinat TK
4 EL Frischkäse
Salz, Pfeffer, Muskatnuss
2 EL Pflanzenöl

Püree:
200 g Kartoffeln, geschält
400 g Sellerie (Knolle)
50 ml Milch
1 EL Butter
1 Spritzer Zitronensaft

Sauce:
1 EL Butter
2 Schalotten
1 Knoblauchzehe
12 getrocknete Morcheln
20 ml Cognac
40 ml Sherry - Fino
250 ml Weißwein
250 ml Geflügelfond (Glas)
1 EL Creme fraîche

Morcheln in heißem Wasser einweichen (ca. 10 Minuten).

Für das Püree Kartoffeln und Sellerie schälen und in Stücke schneiden. In eine tiefe ungelochte Garschale (Topf) geben und im Dampfgarer zubereiten.

Kalbsrouladen im Klarsichtbeutel klopfen, aus dem Beutel nehmen, salzen und pfeffern. Mit aufgetautem Blattspinat belegen, Frischkäse darauf verteilen und aufrollen. Mit Spießchen befestigen, leicht mit Mehl bestreuen und in Öl rundherum scharf anbraten. Mit der Pfanne in den Dampfgarer zum Gemüse stellen und weich garen.
Schalotten und Knoblauch in kleine Würfel schneiden, in der aufschäumenden Butter anschwitzen. Morcheln ohne Einweichwasser beigeben und mit Cognac ablöschen, mit Sherry und Wein angießen, auf die Hälfte reduzieren, dann den Fond angießen. Wieder auf die Hälfte reduzieren, mit Salz und Pfeffer aus der Mühle abschmecken. Mit Creme fraîche verfeinern, nochmals abschmecken, warm halten (nicht mehr kochen lassen).
Butter und Milch in einer Tasse zum Erwärmen in den Dampfgarer stellen.
Die Sellerie- und Kartoffelstücke aus dem Dampfgarer nehmen, Milch-Buttermischung dazugeben und mit dem Kartoffelstampfer zu einem Püree rühren. Mit Salz, Pfeffer, Muskatnuss und Zitronensaft abschmecken.
Kartoffelpüree in der Tellermitte anrichten, darauf die Roulade setzen und mit Morchelrahmsauce garnieren.

4 Portionen | Aufwand: 25 Minuten

VORHEIZEN:
Intervall Dampf 230 °C
GAREN:
Intervall Dampf 230 °C 15 Minuten

Wiener Schnitzel

4 Kalbsschnitzel
Salz

Panade:
5 EL Mehl
2 Eier
300 g Semmlbrösel
1 TL Paprika edelsüß

5 EL Butterschmalz oder Pflanzenöl
1 Zitrone

Brösel mit dem milden Paprika gut vermischen, damit bekommt das Panierte im Dampfgarer seine typische Farbe.

Schnitzel klopfen und salzen. In Mehl, Ei und Brösel panieren. Auf das Patisserieblech oder Backblech legen. Mit flüssigem Butterschmalz oder Pflanzenöl auf beiden Seiten bepinseln. Im Dampfgarer im mittleren Einschub zubereiten.

Tipp:
Wenn Sie zum Wiener Schnitzel Pommes frites servieren wollen, dann geben Sie die tiefgefrorenen Pommes auf ein Patisserieblech und schieben dieses unter die Schnitzel in den Dampfgarer.

4 Portionen | Aufwand: 24 Stunden (Marinade) + 2,5 Stunden

GAREN:
Intervall Plus 130 °C 2 Stunden

Kaninchen

in Balsamico mit Polentaschnitten

1 Kaninchen im Ganzen
(oder Kaninchenteile)
Salz, Pfeffer
2 EL Olivenöl

Marinade:
120 ml Olivenöl
120 ml Aceto Balsamico
5 Lorbeerblätter
1 Salbeizweig
6 Wacholderbeeren, zerdrückt
1 Knoblauchzehe, gehackt

zum Schmoren:
1/2 Flasche Prosecco
1 Karotte
1/2 Sellerie
2 Paprikaschoten (rot und gelb)
1 Thymianzweig
1 Rosmarinzweig

Polentaschnitten:
500 ml Milch
50 g Butter
140 g Polentagrieß
2 Eigelb
60 g feingeriebener Parmesan
Salz, Muskatnuss

Für die Marinade alle Zutaten gut miteinander verrühren. Kaninchen zerteilen und im Kühlschrank 24 Stunden marinieren.

Für die Zubereitung Kaninchenfleisch entnehmen und trockentupfen. Salzen, pfeffern, Marinade beiseite stellen. In einer Pfanne Olivenöl erhitzen und die Kaninchenteile auf allen Seiten scharf anbraten. Gemüse in Stücke schneiden und mit den Kräutern auf ein tiefes Backblech legen. Die angebratenen Kaninchenteile dazugeben. Mit Prosecco und der übrigen Marinade übergießen. Im Dampfgarer zubereiten.

Polentaschnitten:
Milch, Butter, Salz und Muskatnuss aufkochen. Den Polentagrieß unter ständigem Rühren mit dem Schneebesen einrieseln lassen. Bei kleiner Hitze 10–15 Minuten quellen lassen. Dabei mehrmals mit dem Holzlöffel gut durchrühren. Etwas abkühlen lassen, danach Eigelb und Parmesan unterrühren. Eine Form mit Klarsichtfolie auslegen und die lauwarme Polenta einfüllen. Abdecken und im Kühlschrank 2–3 Stunden fest werden lassen. Danach in Scheiben schneiden und auf beiden Seiten goldbraun braten.

4 Portionen | Aufwand: 40 Minuten

GAREN:
Kalbsfilets: Intervall Plus 110 °C 15 Minuten
Überkrusten: Infrabraten 230 °C ca. 7 Minuten – vorheizen!
Spargel: Vital Dampf 96 °C 25 Minuten

Kalbsfilet

in Bärlauchkruste mit Schaum vom Gewürztraminer

600 g Kalbsfilet

Kruste:
100 g Semmelbrösel
12 Bärlauchblätter
2 EL Olivenöl
3 EL Parmesan, gerieben
Salz, Pfeffer

Schaum:
100 ml Gewürztraminer
4 Eigelb
Salz, Pfeffer
Zitronensaft

Spargelgemüse:
250 g grüner Spargel
2 Stk. Orangen, Filets
2 EL Gemüsesuppe
2 EL Butter

Filets 10 Minuten vor dem Garen salzen, dann im Dampfgarer zubereiten, danach warm stellen.

Grünen Spargel waschen (dicke Enden eventuell schälen) und in große Stücke schneiden. Dann mit den Orangenfilets, Salz, Pfeffer, Butter und der Gemüsesuppe vermengen und in einem ungelochten Behälter im Dampfgarer zubereiten – danach ebenfalls warm stellen.

Für die Filetkruste die Semmelbrösel Parmesan, Olivenöl und gehackten Bärlauch mischen und salzen. Nach dem Andämpfen der Filets die Krustenmasse auftragen, im Dampfgarer überkrusten.

Inzwischen den Gewürztraminer erwärmen, salzen und etwas Zitronensaft beigeben. Eigelb unterziehen und mit einem Schneebesen schaumig schlagen.

Die Kalbsfilets aufschneiden und mit dem Gewürztraminerschaum sowie dem Spargel-Orangengemüse anrichten.

4 Portionen | Aufwand: 1,5 Stunden

GAREN:
Vital Dampf 96 °C 60 Minuten + 25 Minuten mit dem Kraut

Krautfleisch

2 EL Pflanzenöl
3 Zwiebeln
2 Knoblauchzehen
800 g Schweinsschulter
1 Tasse Wasser
1/2 EL Tomatenmark
1 EL Essig
1 Kartoffel
500 g Sauerkraut
3 EL Zucker
4 TL Paprika edelsüß
1 Lorbeerblatt
Salz, Pfeffer

Schweinefleisch in gleich große Stücke schneiden. Zwiebeln und Knoblauch fein schneiden, in heißem Öl dunkelbraun anrösten, Tomatenmark beigeben und mit Essig und Wasser ablöschen. Paprika dazugeben und mit dem Stabmixer pürieren. Kartoffel reiben und mit dem Schweinefleisch zum Zwiebelpüree hinzufügen, mit Salz und Pfeffer würzen, gut durchmischen.
Krautfleisch in den Dampfgarer stellen und zubereiten. Ist die Zeit abgelaufen, Sauerkraut und Zucker beigeben und weiter dämpfen. Vor dem Anrichten alles nochmals gut durchrühren.

Wenn nötig, das Krautfleisch mit etwas in kaltem Wasser aufgelösten Stärkemehl verrühren, dadurch erhält das Krautfleisch eine sämigere Konsistenz und einen schönen Glanz.

Tipp:
Man kann das Krautfleisch beim Servieren zusätzlich mit verrührtem Sauerrahm und scharfem Paprikapulver garnieren.
Mit frischem Gebäck oder Salzkartoffeln servieren.

4 Portionen | Aufwand: 30 Minuten

GAREN:
Intervall Plus 110 °C 15 Minuten

Currypoulet
mit Äpfel und Erdnusssauce

4 Stk. Poulet- oder Hühnerbrüstchen
2 EL Pflanzenöl
Salz

zum Melieren:
1 EL Curry
4 EL Mehl

2 Äpfel (Boskop)

Sauce:
2 Zwiebeln
250 ml Apfelsaft
200 g geschälte Erdnüsse
1 Spritzer Zitronensaft
Maisstärke
Zucker
Salz, Pfeffer

Mehl mit Curry mischen und die gesalzenen Pouletbrüstchen darin wenden. In einer beschichteten Pfanne in Öl auf jeder Seite 2 Minuten goldbraun braten. Herausnehmen und beiseite stellen.
Zwiebeln fein schneiden und in der gleichen Pfanne glasig dünsten, mit Apfelsaft ablöschen.
2 EL Nüsse beiseite stellen, den Rest in der Küchenmaschine fein mahlen. Gemahlene Erdnüsse, Zitronensaft und Zucker in die Sauce geben und durchrühren.
Äpfel mit der Schale vierteln und entkernen. Currybrüstchen in die Sauce legen, Apfelstücke dazugeben.
Alles zusammen mit der Pfanne in den Dampfgarer stellen und zubereiten.
Die Sauce durchrühren und eventuell mit Maisstärke binden. Currybrüstchen mit Apfelstücken am Teller anrichten und Sauce darauf verteilen. Restliche Erdnüsse grob hacken und darüberstreuen.

Tipp:
Als Beilage können Sie Reis, Couscous, Perlweizen oder Hirse in einen ungelochten Behälter geben und in einem Arbeitsgang zubereiten! Die Beilage 10 Minuten vor dem Poulet in den Garraum stellen und mit der gleichen Einstellung dämpfen.

4 Portionen | Aufwand: 60 Minuten

GAREN:
Intervall Plus 110 °C 40 Minuten

Kalbsragout

mit Champignons und Paprika tricolore

FLEISCHGERICHTE
FISCHGERICHTE
VEGETARISCHES
SÜSSES & DESSERTS

600 g Kalbsschulter
2 EL Pflanzenöl
1 Lorbeerblatt
1 Rosmarinzweig

Ragoutansatz:
1 Zwiebel
3 Paprikaschoten (rot, grün und gelb)
250 g Champignons
1 TL Paprika edelsüß
1/2 EL Tomatenmark
120 ml Weißwein
1 Tasse Wasser
1 EL Maisstärke
2 EL Sauerrahm
Salz, Pfeffer

Spinatspätzle:
200 g griffiges Mehl
2 Eier
80 g Spinat (passiert)
20 g Butter
Salz, Muskatnuss

Kalbsschulter in kleine Ragoutstücke schneiden und salzen. Zwiebel, Champignons und Paprikaschoten in gleich große Stücke schneiden. In einer Pfanne am Herd die Hälfte des Öls erhitzen und Fleisch anbraten. Dann mit Lorbeerblatt und Rosmarinzweig in einen ungelochten Garbehälter geben und im Dampfgarer zubereiten. Restliches Öl zum Bratensatz geben und Zwiebel sowie Paprikastücke darin scharf anbraten. Champignons vierteln und beigeben. Mit Paprikapulver und Tomatenmark würzen, kurz mitrösten. Mit Weißwein ablöschen, salzen und pfeffern. Wasser mit Maisstärke verrühren und aufgießen. Langsam köcheln lassen.

Fleisch aus dem Dampfgarer nehmen und mit dem gebildeten Garfond zum Ragoutansatz geben. Sauerrahm unterrühren, nochmals abschmecken, aber nicht mehr aufkochen, sonst gerinnt der Sauerrahm.

Spinatspätzle
Alle Zutaten mit einem Kochlöffel verrühren und dann kleine Spätzle in kochendes Wasser schaben, 2 Minuten sieden lassen, abseihen und kurz in Butter schwenken.

4 Portionen | Aufwand: 2 Stunden marinieren + 30 Minuten

GAREN:
Vital Dampf 80 °C 20 Minuten

Balsamico-Rindsfilet

gedämpft in Sesamkruste mit Ruccola-Tomatensalat

240 g Rindsfilet (Mittelstück)/Person
3 EL Olivenöl
8 EL Balsamicoessig
4 Thymianzweige
6 EL Sesamsamen

Marinade:
5 EL Olivenöl
2 Schalotten
1 Knoblauchzehe
3 EL Balsamicoessig
Salz, Pfeffer

Salat:
250 g Ruccola
20 Kirschtomaten

Pilze:
100 g Champignons
2 EL Olivenöl

Rindsfilet salzen und pfeffern. Filet in einen Gefrierbeutel geben, Balsamicoessig und den Thymianzweig beigeben. Beutel gut verschließen. 2 Stunden im Kühlschrank ziehen lassen. Danach den verschlossenen Beutel in den Dampfgarer geben und zubereiten.

Für die Marinade Schalotten und Knoblauch fein hacken, mit Olivenöl in einer Pfanne anbraten, ohne Farbe zu nehmen. In einen Becher geben und mit dem Stabmixer pürieren. Balsamico beigeben, mixen und abschmecken.
Ruccola waschen und trockenschleudern, auf einem Teller anrichten. Tomaten halbieren und am Salatteller auflegen. Ganze Champignons in Olivenöl scharf anbraten, salzen und auf den Salat geben. Mit einem Löffel die Marinade über den Salat verteilen.

Rindsfilet aus dem Plastikbeutel nehmen und auf allen Seiten in gerösteten Sesamsamen drücken. Rinderfilet 1-mal durchschneiden und mit dem Salat sofort servieren.

4 Portionen | Aufwand: 40 Minuten

VORHEIZEN:
Intervall Dampf 230 °C
GAREN:
Intervall Dampf 220 °C 20–25 Minuten

Backhendl

1 Stk. Maishendl
Salz

Panade:
5 EL Mehl
2 Eier
300 g Semmelbrösel
1 EL Paprikapulver mild

5 EL Butterschmalz

Vorbereitung:
Hendl in Brust und Keulen teilen oder Hühnerteile verwenden. Haut je nach Geschmacksempfinden abziehen. Brösel mit dem milden Paprika gut vermischen – damit bekommt das Panierte im Dampfgarer seine typische Farbe.

Zubereitung:
Hühnerteile kräftig salzen. In Mehl, Ei und Brösel panieren. Auf das Patisserieblech oder Backblech geben. Mit flüssigem Butterschmalz oder Pflanzenöl auf beiden Seiten bepinseln.
Im Dampfgarer zubereiten.

Tipp:
Auf die gleiche Weise backen Sie auch ein Cordon bleu.
Bei gebackenem Gemüse halbieren Sie die Garzeit (Gemüse vorher weich dämpfen).

6 Portionen | Aufwand: 2 Stunden

GAREN:
Vital Dampf 96 °C 25 Minuten
Braten und Krusten: Infrabraten 190 °C 1 Std. 15 Minuten, unterster Einschub

Schweinsbrüstl gefüllt

mit Steinpilzen in flambierter Schwarzbiersauce

1 kg Schweinsbrust
Salz, Pfeffer

Füllung:
100 g Semmelwürfel
20 g Steinpilze, getrocknet
1/2 Zwiebel
1 Ei
150 ml Milch

Sauce:
5 Kartoffeln
1 Karotte
1/2 Sellerie
1/2 Stange Lauch
2 kleine Zwiebel
2 Knoblauchzehen
250 ml Wasser
1 Flasche Schwarzbier
4 Wacholderbeeren
1 EL Kümmel, ganz

zum Flambieren:
40 ml Bierbrand

Steinpilze in warmer Milch quellen lassen. Gemüse in Stücke schneiden und in einem tiefen Backblech verteilen. Wacholderbeeren beigeben und mit Wasser angießen.

Fülle herstellen: Zwiebel fein hacken und mit den Semmelwürfeln mischen. Ei und Milch mit den Steinpilzen beigeben und gut durchmischen.

Mit einem schmalen spitzen Messer in die Mitte der Schweinsbrust eine Tasche schneiden. Schwarte mit Salz, Kümmel und Pfeffer würzen, die Schweinsbrust mit der Steinpilzmasse füllen. Die gefüllte Brust auf ein Backblech legen und im Dampfgarer die Schwarte weich dämpfen.

Nach 25 Minuten aus dem Dampfgarer nehmen und mit Schwarzbier übergießen. Die weiche Schwarte mit einem scharfen Messer einen halben Zentimeter einritzen (schröpfen). Wichtig: Die geschröpfte Schwarte kräftig salzen und mit dem Saft vom Backblech gut einreiben, bis sich das Salz aufgelöst hat und in die Ritzen eingedrungen ist! Dieser Vorgang ist wichtig für die Bildung der Kruste! Zum Braten und Überkrusten wieder in den Dampfgarer geben.

Sauce: Aus den übrigen Zutaten eine Gemüsesauce kochen, durch ein Sieb streichen und abschmecken.

Zum Flambieren stellen Sie den Braten auf den Tisch und übergießen die heiße Kruste mit dem Bierbrand – sofort anzünden!

4 Portionen | Aufwand: 2 Stunden

GAREN:
Intervall Plus 130 °C 2 Stunden
Mit dieser Einstellung lassen sich alle großen, saftigen Braten zubereiten

Rindsbraten

1 kg Rindsbraten
2 EL Pflanzenöl
Salz, Pfeffer

Saucenansatz:
120 ml Rotwein
200 ml Gemüsesuppe
Maisstärke

Braten salzen, pfeffern und kurz in heißem Fett von allen Seiten am Herd anbraten. Danach zusammen mit Wein und Gemüsesuppe auf einem tiefen Blech in den Dampfgarer legen und zubereiten.
Aus dem entstandenen Sud eine Sauce kochen, mit Maisstärke binden und abschmecken.

Tipp:
Dazu reichen Sie Semmelknödel und Blaukraut, die mitgegart werden können.

4 Portionen | Aufwand: 1,5 Stunden

GAREN:
Vital Dampf 96 °C 15 Minuten
Umschalten auf Infrabraten 200 °C 20 Minuten

Moussaka

mit Faschiertem und Zucchini

1 EL Olivenöl
1 Zwiebel
500 g Rinderfaschiertes
Salz, Pfeffer
Oregano
4 EL Tomatenmark
1 Dose geschälte Tomaten
1 Melanzani
1 Zucchini
250 ml Sauerrahm
1 Beutel Mozzarellabällchen

Zwiebel würfeln und in Öl anbraten. Rinderfaschiertes ebenfalls anbraten und mit Salz, Pfeffer, Oregano und Tomatenmark würzen. Geschälte Tomaten beigeben und kurz durchkochen. In einen ungelochten Garbehälter geben. Melanzani und Zucchini in Scheiben schneiden und fächerförmig in zwei Schichten auf das Fleisch legen. Den in Würfel geschnittenen Mozzarella auf den Auflauf geben. Sauerrahm verrühren, mit einer Prise Salz und Pfeffer würzen und über den Auflauf gießen, im Dampfgarer zubereiten.

4 Portionen | Aufwand: 60 Minuten

GAREN:
Vital Dampf 96 °C, Fleischspieß 72 °C

Vitello tonnato

Kalbfleisch mit Thunfischsauce

600 g Kalbsnuss
1 Bund Suppengemüse
500 ml Weißwein
1 Lorbeerblatt
1 TL Salz

Thunfischsauce:
2 Eigelb
2 EL Kapern
1 Zitrone
Weinessig
150 g Thunfisch ohne Öl
1 Sardellenfilet
100 ml Olivenöl

Dekoration:
1 Zitrone
12 große Kapernbeeren

Kalbsnuss in das tiefe Backblech legen. Weißwein, Wurzelwerk, Lorbeerblatt und Salz beigeben. Den Fleischspieß in die Mitte der Kalbsnuss stecken und im Dampfgarer zubereiten.

Thunfisch abtropfen lassen, Sardellenfilet abspülen, mit Küchenrolle trocknen und klein schneiden. Mit dem Mixstab Thunfisch, Sardellen, Eigelb und Kapern mit dem Saft von einer halben Zitrone und etwas Weinessig fein pürieren. Einige Esslöffel von der Kalbsbrühe und dem Olivenöl nach und nach einfließen lassen und zu einer sämigen Sauce rühren, mit Salz und Pfeffer abschmecken.

Kalbfleisch überkühlen lassen, dann in möglichst dünne Scheiben schneiden. Auf einem Teller anrichten und gleichmäßig mit der Thunfischsauce übergießen. Mit Klarsichtfolie abdecken und einige Zeit im Kühlschrank durchziehen lassen.
Das Vitello tonnato mit dünnen Zitronenscheiben und Kapernbeeren garniert servieren.

Tipp:
Gut gekühlt servieren, dazu reichen Sie Weißbrot!

6 Portionen | Aufwand: über Nacht marinieren, 2 Stunden

GAREN:
Phase 1: Intervall Dampfgaren 180 °C 60 Minuten
Phase 2: Intervall Dampfgaren 180 °C 50 Minuten

Osterkitz

mit Schmorgemüse und Parmesankartoffeln

2 Ziegenkitzkeulen

Marinade:
4 EL Olivenöl
2 EL Balsamico
2 EL Tomatenmark
2 Lorbeerblätter
2 Thymianzweige
1 Salbeizweig
2 Scheiben Zitrone
Salz, Pfeffer

Schmorgemüse:
1 Zwiebel
4 Knoblauchzehen
4 Karotten
1/2 Sellerie
1 Stange Lauch
12 Kirschtomaten
8 kleine Kartoffeln (Heurige)

Alle Zutaten für die Marinade anrühren und die Kitzkeulen damit einreiben. Über Nacht im Bräter im Kühlschrank ziehen lassen. Gemüse in Würfel schneiden, mit den Kirschtomaten in den Bräter geben, das Fleisch darauflegen und im Dampfgarer mit Phase 1 zubereiten.
Kartoffeln gut waschen und mehrmals einschneiden, mit Salz und Pfeffer würzen. Ist Phase 1 beendet, wird der Deckel vom Bräter abgenommen. Die Kartoffeln dazugeben und mit offenem Deckel laut Phase 2 weitergaren. Danach die Keulen in Scheiben schneiden und mit dem Gemüse anrichten.

Tipp:
Das Gericht kann auch mit Lamm, Wild oder Kaninchen zubereitet werden. Die Garzeiten bleiben dieselben!

4 Portionen | Aufwand: 45 Minuten

GAREN:
Intervall Plus 120 °C 30 Minuten

Putenroulade

mit getrockneten Tomaten und Gorgonzola

4 Putenschnitzel (ca. 550 g)

Fülle:
200 g Blattspinat TK
Salz, Pfeffer
Muskatnuss, gemahlen
6 getrocknete Tomaten
200 g Gorgonzola

Sauce:
200 ml Gemüsesuppe
4 EL Schlagobers
1 Kartoffel
2 EL fein gehackte Petersilie

Spinat auftauen. Putenschnitzel in einem Gefrierbeutel dünn klopfen. Spinat auf den Schnitzeln verteilen, mit Salz, Pfeffer und Muskatnuss würzen. Mit getrockneten Tomaten und Gorgonzola belegen und einrollen.
Kartoffel fein reiben und mit der Gemüsesuppe in einen ungelochten Garbehälter geben, gut durchrühren.
Rouladen mit der Naht nach unten in die Sauce im Garbehälter legen. Gehackte Petersilie mit dem Schlagobers verrühren und die Rouladen damit übergießen – im Dampfgarer zubereiten.
Nach dem Garen die Rouladen auf Tellern anrichten. Die Sauce mit einem Schneebesen gut durchrühren, abschmecken und eventuell noch mit etwas Stärke binden, über die Rouladen gießen.

Tipp:
Anstelle von Putenfleisch können Sie auch Kalbfleisch, Huhn oder Fischfilets verwenden. Als Beilage passen z. B. Bandnudeln oder Wildreis!

6 Portionen | Aufwand: 2 Stunden

GAREN:
Bio Garen/Niedertemperatur: Fleischspieß in die Mitte des Roastbeefs stechen und die gewünschte Kerntemperatur mit 55 °C eingeben.
Oder: feuchte Heißluft 120 °C 1 Stunde (für 0,5–1 kg Fleisch)

Warmes Roastbeef

1 kg Stier-Beiried
2 EL Pflanzenöl
Salz, Pfeffer
1 TL Senf
1 Bund Rosmarin
250 g Kirschtomaten
3 EL Olivenöl
50 g Ruccola

Das Fleisch 1 Stunde vorher kräftig salzen!
Öl in einer Pfanne erhitzen und das Beiried auf allen Seiten braun anbraten. Mit Senf dünn bestreichen und mit Pfeffer und gehackten Kräutern würzen. Das Fleisch im Dampfgarer zubereiten.
Die Kirschtomaten mit Salz und Pfeffer aus der Mühle würzen und dem Olivenöl übergießen, dann für 10 Minuten zum Fleisch geben und mitgaren, herausnehmen und warm halten, bis das Roastbeef fertig ist. Danach zusammen mit dem aufgeschnittenen Fleisch und Ruccola servieren.

Warm halten:
Nach dem Erreichen der gewünschten Kerntemperatur die Temperatur des Ofens auf 60 °C reduzieren. So kann das Roastbeef für ca. 2 Stunden ohne Qualitätsverlust warm gehalten werden.

8 Portionen | Aufwand: 2 Stunden

GAREN:
Phase 1 Gären: Intervall Dampf 50 °C 20 Minuten
Phase 2 Backen: Intervall Dampf 180 °C 60 Minuten

Schinken in Brotteig

2 kg Selchroller

für den Brotteig:
1 Päckchen Trockengerm
300 ml Wasser
300 g Weizenmehl
300 g Brotmehl
Kren
Salz

Für den Teig alle Zutaten in eine Rührschüssel geben und mit der Küchenmaschine zu einem glatten Teig verarbeiten. Teig einige Minuten rasten lassen, dann ausrollen. Den Schinken einschlagen und mit der Naht nach unten auf ein Backblech legen. Im Dampfgarer zuerst mit Phase 1 gären und danach mit Phase 2 backen.

Warm und mit geriebenem Kren servieren!

4 Portionen | Aufwand: über Nacht kalt stellen + 1,5 Stunden

GAREN:
Vital Dampf 85 °C 45 Minuten

FLEISCHGERICHTE
FISCHGERICHTE
VEGETARISCHES
SÜSSES & DESSERTS

Geflügelleberparfait
in Apfelsaft-Rotweingelee

Reduktion:
1 Zwiebel
1 Schuss Weißwein
20 ml Cognac
20 ml Madeirawein
1 Thymianzweig

Parfait:
250 g Hühnerleber
250 g Butter
1 TL Pökelsalz
weißer Pfeffer
1 Ei

Gelatinemantel:
150 ml Rotwein
150 ml Apfelsaft
5 Blatt Gelatine
rosa Pfefferkörner, Wacholderbeeren
Salz

Vorbereitungen: Rexgläser gut auswaschen und abtrocknen.

Gehackten Zwiebel mit allen Reduktionszutaten am Herd aufkochen und um zwei Drittel reduzieren.
Die Leber grob hacken und anschließend pürieren. Reduktion abseihen und mit Pökelsalz und Pfeffer ebenfalls in den Mixer geben. Nach und nach die warme, nicht heiße Butter sowie die Eier unter die Masse mixen.
In Gläser gießen und im Dampfgarer zubereiten. Über Nacht im Kühlschrank kalt stellen.

Gelatineblätter 10 Minuten in kaltem Wasser einweichen und gut ausdrücken. Apfelsaft, Rotwein und Salz aufkochen, danach die ausgedrückte Gelatine darin auflösen. Mit rosa Pfefferkörnern und Wacholderbeeren vermischen und auf jedem Glas 2 Esslöffel verteilen – im Kühlschrank 1 Stunde kalt stellen. Mit Baguette und Preiselbeersauce servieren.

Tipp:
Durch das Pökelsalz erhält das Parfait seine rosa Farbe.

FISCHGERICHTE

4 Portionen | Aufwand: 45 Minuten

GAREN:
Spargel: Vital Dampf 96 °C 25 Minuten
Lachs: Vital Dampf 96 °C 10 Minuten

Lachs

auf weißem Spargel mit Sauce „Kerala"

1 kg weißer Spargel
600 g kleine Kartoffeln
4 Lachsfilets à ca. 150 g
250 ml Wasser
250 ml Schlagobers
Kurkuma
Cayennepfeffer
Salz, weißer Pfeffer
200 ml Weißwein
200 ml Cognac

Zunächst den Spargel waschen, schälen und die Enden dünn abschneiden. Den Spargel in ein feuchtes Tuch wickeln und in den Kühlschrank legen.
Das Wasser erhitzen, Weißwein und Cognac ins Wasser geben, salzen. Die Spargelschalen darin 15 Minuten auskochen. Danach die Schalen abschütten und den Sud auffangen. Sud nun bei mittlerer Hitze reduzieren, Schlagobers, Kurkuma, Salz und weißen Pfeffer zufügen und weiter reduzieren. Die Sauce mit einem Schneebesen schaumig aufschlagen und mit Cayennepfeffer abschmecken.

Spargel in eine gelochte Garschale geben und im Dampfgarer zubereiten.

Lachsfilet in Portionen schneiden, salzen, pfeffern und 10 Minuten vor Ende der Garzeit des Spargels im Behälter mitgaren.

Lachsfilets auf den Spargelstangen mit Sauce „Kerala" servieren.

4 Portionen | Aufwand: 2 Stunden

GAREN:
Kartoffelpüree: Vital Dampf 96 °C 45 Minuten
Kartoffelroulade: Vital Dampf 96 °C 30 Minuten

Kartoffel-Lachsroulade

auf Karamel-Pastinaken und Kürbisstreifen

300 g frisches Lachsfilet
1 Mangold

Kartoffelroulade:
250 g Kartoffeln
40 ml Schlagobers
1 Eigelb
Muskatnuss
Salz

Lachsfarce:
150 g Lachsfilet
120 ml Schlagobers
1 Eiklar
20 ml Noilly Prat (Wermut)
Salz, Pfeffer

Kürbis:
150 g Hokkaidokürbis
120 ml Weißwein trocken
20 ml Noilly Prat (Wermut)
1/2 Zitrone
100 ml Fischfond im Glas

Kartoffeln schälen und weich dämpfen.
Lachsfilet pürieren, langsam Schlagobers zugeben, weiter pürieren, salzen, pfeffern, Eiklar und Noilly Prat zugießen, danach kalt stellen.
Aus den Kartoffeln ein Püree herstellen, Schlagobers sowie Eigelb hinzufügen und mit Muskatnuss würzen.
Mangoldblätter kurz im Dampfgarer bei 96 °C Vitaldampf 4 Minuten garen, kalt abschrecken und trockentupfen. Nun den Lachs für die Einlage in 2 cm breite und 10 cm lange Stücke schneiden und kalt stellen.
Auf einer Arbeitsfläche Alufolie auslegen, an den Seiten festklemmen, damit nichts wegrutscht. Frischhaltefolie darüberlegen. Kartoffelteig darauf verteilen, mit dem Mangold belegen und der Lachsfarce bestreichen, zum Schluss noch das Lachsstück darauflegen. Die Roulade vorsichtig einrollen, nochmals mit Alufolie fest eindrehen. Im Dampfgarer zubereiten.
Kürbis in dünne Streifen schneiden, 10 Minuten in Butter dünsten. Wein, Fischfond, Noilly Prat und den Saft einer Zitrone aufkochen lassen, salzen, pfeffern, warm stellen.
Kartoffelroulade in der Folie mit einem Sägemesser in dicke Scheiben schneiden, danach die Folien abziehen. Kürbisstreifen auf die Teller legen, Rouladenscheiben darauf setzen und mit Pesto servieren.

4 Portionen | Aufwand: 30 Minuten

GAREN:
Vital Dampf 96 °C 15–20 Minuten

Miesmuscheln

mit Safran

2 kg Miesmuscheln
4 Knoblauchzehen
1 Zwiebel
1 Karotte
1/2 Sellerie
4 getrocknete Tomaten
1/2 Flasche Prosecco
1 Pkg. Safranfäden
2 EL Olivenöl
2 Lorbeerblätter
1 Chilischote, frisch
Salz

Vorbereitung:
Miesmuscheln unter fließendem Wasser gut abbürsten und den Muschelbart entfernen.
Wichtig: Alle bereits geöffneten Miesmuscheln wegwerfen! Nach dem Kochen ist es genau andersherum: geschlossene Muscheln nicht essen!

Zubereitung:
Gemüse in Streifen schneiden und in ein tiefes Backblech geben. Salzen, Lorbeerblatt, Safranfäden und Olivenöl beigeben. Chilischote halbieren und Samenkerne entfernen, fein hacken und beigeben. Mit Prosecco angießen und durchrühren. Miesmuscheln beigeben. Im Dampfgarer zubereiten.
Nach der halben Garzeit die Muscheln umrühren, damit sie gleichmäßig garen. Vor dem Servieren nochmals kurz durchrühren.

Tipp:
Wenn die Muscheln in einer Keramikschüssel zubereitet werden, verlängert sich die Garzeit um 10 Minuten. Als Beilage eignet sich frisches Baguette.

4 Portionen | Aufwand: 50 Minuten

GAREN:
Couscous: Vital Dampf 96 °C 20 Minuten
Backen: Intervall Dampf 190 °C 20 Minuten

Räucherlachsstrudel

mit Couscous-Spinat-Ricotta-Füllung

400 g Räucherlachs, vorgeschnitten
1 Blatt Strudelteig
50 g Butter zum Bestreichen

Füllung:
200 g Couscous
200 ml Wasser
120 g Ricotta
200 g Blattspinat TK
1 Msp. Zitronenschale, gerieben
Salz, Pfeffer
Koriander, gemahlen

Paprikasauce:
1 rote Paprikaschote, gewürfelt
1 kleine Zwiebel, fein geschnitten
1 Knoblauchzehe
200 ml Gemüsesuppe
Maisstärke zum Abbinden
Schnittlauch zum Bestreuen

Couscous mit Wasser in eine Schale geben und im Dampfgarer zubereiten. Danach überkühlen lassen und mit Ricotta, Spinat, Zitronensaft, Salz, Pfeffer und gemahlenem Koriander abschmecken.
Das Strudelblatt auf einem Geschirrtuch ausbreiten. Mit flüssiger Butter bestreichen und mit den Räucherlachsscheiben belegen. Die Couscousmasse auf den Lachsscheiben verteilen und das Ganze wie einen Strudel aufrollen. Auf ein Backblech legen und im Dampfgarer zubereiten.

Inzwischen für die Paprikasauce die Paprikawürfel, Zwiebel und Knoblauch in etwas Öl anschwitzen, mit der Gemüsesuppe ablöschen, einkochen lassen und mit dem Stabmixer fein pürieren. Mit Salz abschmecken und eventuell mit Maisstärke binden.
Den fertigen Strudel aufschneiden und mit der Sauce servieren.

4 Portionen | Aufwand: 50 Minuten

GAREN:
Vital Dampf 96 °C 45 Minuten

Jambalaya

Küche der Cajun oder Kreolen/Louisiana

1 Tasse Reis
1 Tasse Wasser
1 Hühnersuppenwürfel
1 TL Kurkuma

Einlage:
12 Garnelen
2 Stk. Maishendlbrust
100 g Toastschinken
1 grüne Paprikaschote
1 rote Paprikaschote
1 Bund Koriander oder Petersilie
Salz, Pfeffer
Weißwein
1 Dose geschälte Tomaten
8 Kirschtomaten

In einer Auflaufform Hühnersuppenwürfel und Kurkumapulver in warmem Wasser auflösen. Reis beigeben und im Dampfgarer zubereiten.
Hühnerbrust in Würfel schneiden und in einer Pfanne anbraten. Zwiebel in Streifen schneiden und mitbraten. Paprikaschoten und Schinken in Streifen schneiden, die Garnelen beigeben und mitrösten. Mit Salz und Pfeffer kräftig würzen. Mit Weißwein angießen, geschälte Tomaten beigeben und einige Minuten köcheln lassen.
In der Reismitte eine Vertiefung eindrücken und die Füllung darin platzieren. Mit Koriandergrün und den Kirschtomaten dekorieren.

4 Portionen | Aufwand: 30 Minuten

GAREN:
Vital Dampf 80 °C 15 Minuten

Garnelensalat „Asia-Style"

in der Teigrolle

300 g Riesengarnelen ohne Schale

Marinade:
5 EL Erdnüsse
2 EL Teriyaki-Sauce
Zitronensaft
1 EL Apfelsirup
1 TL Wasabi
Salz

Salat:
50 g Ruccola
1 rote Zwiebel
1 Kohlrabi
1 Karotte
1 Baby-Ananas
8 EL Kokosflocken

zum Rollen:
4 Stk. Wraps (Teigfladen)

Garnelen in Garschale legen und im Dampfgarer zubereiten. Inzwischen die Marinade zubereiten und anschließend die Garnelen darin 15 Minuten ziehen lassen. Kokosflocken mit etwas Dämpffond anrühren, die Zutaten für den Salat schneiden und raspeln. Salat mit den marinierten Garnelen und der Kokosmasse vermengen, auf den Wraps verteilen und aufrollen. Nun die Teigrollen in Scheiben schneiden und mit einer Sauce oder einem Dip servieren.

Tipp:
Die Wraps können zum Schluss noch einmal im Backofen bei 180 °C Heißluft etwa 10 Minuten gebacken werden.

6 Portionen | Aufwand: 60 Minuten

GAREN:
Intervall Dampfgaren 170 °C 50 Minuten

Fischpfanne

mit Red-Snapper-Filet und Calamari

800 g Red Snapper
3 EL Olivenöl
800 g Oktopus/Kalmar, frisch
4 Knoblauchzehen
1 Zwiebel
1 Karotte
2 Paprikaschoten (rot und gelb)
1 Zucchini
3 Kartoffeln
12 Kirschtomaten
Salz, Pfeffer
3 Thymianzweige
1 Rosmarinzweig
1 Päckchen Safran
250 ml Wasser
120 ml Pernod oder Weißwein
1 Zitrone

Wasser und Pernod in ein tiefes Backblech geben. Safran, alle Gewürze und Kräuter in den Sud geben.
Tintenfischstücke in den Sud einlegen und das in Würfel geschnittene Gemüse auf dem Blech verteilen. Kräftig salzen und mit dem Saft der halben Zitrone beträufeln. Im Dampfgarer zubereiten.

Red Snapper in große Stücke schneiden, salzen und auf der Hautseite in Mehl tauchen.
In einer Pfanne Öl erhitzen und den Fisch auf der bemehlten Seite 5 Minuten bei mittlerer Hitze langsam kross braten.
Zum Schluss die Red-Snapper-Stücke auf das Gemüse legen und noch 5 Minuten im Dampfgarer nachziehen lassen.

Tipp:
Wenn am Markt kein Red Snapper erhält ich ist, verwenden Sie ein anderes festfleischiges Fischfilet (Lachs, Zander, Goldbarsch, Schwertfisch, Thunfisch, Hai).

4 Portionen | Aufwand: 60 Minuten

GAREN:
Linsenfülle: Intervall Plus 110 °C 25 Minuten

Branzino

gefüllt mit Belugalinsen und Weintrauben

450 g Branzino (Wolfsbarsch)
4 Scheiben Frühstücksspeck
4 Thymianzweige
3 EL Mehl
3 EL Semmelbrösel

Linsen:
1 Tasse Belugalinsen
1 Zwiebel
1/2 Tasse Wasser
50 ml Sherry
60 g Weintrauben weiß, klein und kernlos
1 EL Olivenöl
Salz, Pfeffer

Zwiebel in Streifen schneiden und zusammen mit Wasser, Sherry und den Linsen in eine Garschale geben. Im Dampfgarer zubereiten.
Danach die Linsen in einem Sieb abtropfen lassen. Salzen, pfeffern, mit den Weintrauben und dem Olivenöl mischen.
Wolfsbarschfilets auf der Hautseite mit Mehl und Brösel bestäuben und gemeinsam mit Thymianzweigen und Speck braten.
Den Branzino auf dem Linsengemüse anrichten und mit den gerösteten Speckstreifen garnieren.

4 Portionen | Aufwand: 40 Minuten

GAREN:
Vital Dampf 90 °C 30 Minuten

Lachsforelle auf Lauch-Paprika, Sauce Mousseline und Butterkartoffeln

2 große Lachsforellen à ca. 500 g, fertig ausgenommen
1 Zitrone
Kräutersalz
2 Bund Petersilie, feingehackt
Salz, Pfeffer
500 g Lauch
2 rote Paprikaschoten
2 gelbe Paprikaschoten
200 ml Weißwein trocken
800 g Kartoffeln
100 g Butter

Sauce Mousseline:
2 Eigelb
4 EL Weißwein, trocken
130 g Butter, geschmolzen
1 TL Tomatenmark
Salz, Pfeffer, Cayennepfeffer
Worcester Sauce
1 Becher Creme fraîche (150 g)

Für das Lauch-Paprika-Gemüse den Lauch putzen, in 2 cm dicke Ringe schneiden. Paprikaschoten waschen, aufschneiden, Kerne entfernen und klein schneiden.
Kartoffeln schälen, in kleinere Stücke schneiden und in kaltes Wasser legen.
Forellen innen und außen waschen, mit Zitronensaft säuern, innen mit Kräutersalz, Pfeffer und der Hälfte der gehackten Petersilie würzen. Die ganzen Fische auf das vorbereitete Lauch-Paprika-Gemüse legen. Den Wein darübergießen und die Platte auf den Rost (1. Einschub von unten) in den Backofen stellen.
Nun das Wasser von den Kartoffeln abgießen, mit Salz schwenken, in eine Porzellanschüssel geben und gemeinsam mit der Butter im Gießer ebenfalls in den Dampfgarer stellen (3. Einschub von unten) und garen.

Inzwischen die Sauce Mousseline zubereiten: Eigelb und Weißwein im Wasserbad schlagen, bis eine dickliche Creme entsteht. Nun die Butter (muss die gleiche Temperatur wie das mit Wein verrührte Eigelb haben) tröpfchenweise unterschlagen.
Tomatenmark (Zimmertemperatur) unterziehen. Die Sauce nach Geschmack mit den Gewürzen abschmecken und die Creme fraîche kurz vor dem Servieren unterheben

Nach dem Ende der Garzeit die Forellen vorsichtig vom Gemüsebett heben und auf ein Kunststoffbrett legen. Gemüseplatte inzwischen warm stellen.
Die Forelle am Rücken entlang mit einem scharfen Messer einschneiden. Kopf und Grätenstrang mit Schwanz auf einmal vorsichtig entfernen.
Von den Kartoffeln das Restwasser abgießen. Die flüssige Butter über Gemüse und Kartoffeln gießen und 1 Bund gehackter Petersilie über die Kartoffeln streuen.
Fisch mit Gemüse und Kartoffeln auf angewärmten Tellern mit Sauce Mousseline anrichten.

4 Portionen | Aufwand: 30 Minuten

GAREN:
Vital Dampf 80 °C 25 Minuten

Riesengarnelen
auf Spargel grün-weiß

16 grüne Spargelstangen
12 Riesengarnelen, geschält und gesäubert

2 EL Petersilie
1 EL Estragon
1 Bund Schnittlauch
3 EL Brunnenkresse
2 Zitronen, Saft und geriebene Schale

Marinade:
4 EL Weißweinessig
2 EL Weißwein
4 EL Walnussöl
Salz, weißer Pfeffer

Grünen Spargel nur im unteren Bereich schälen und auf eine gelochte Schale legen. Die Riesengarnelen ebenfalls auf eine gelochte Schale legen und gemeinsam mit dem Spargel im Dampfgarer zubereiten.
Die gehackten Kräuter mischen, mit den warmen Garnelen vermengen, kurz ziehen lassen und auf dem Spargel anrichten. Die Zutaten für die Marinade verrühren und darüberträufeln.

4 Portionen | Aufwand: 30 Minuten

GAREN:
Vital Dampf 90 °C 20 Minuten

Bachforelle

mit gerösteten Eierschwammerln und Zucchini

2 Forellen, filetiert
1 Schuss Weißwein
Salz
2 Zucchini
1 EL Butter

zum Rösten:
1 EL Olivenöl
1 Schalotte
250 g Eierschwammerln
1 EL Petersilie, gehackt
Salz, Pfeffer

Zucchini in kleine Stücke schneiden. Fischfilets salzen und in eine Schale mit dem Weißwein geben. Die Zucchini in eine gelochte Schale legen und zusammen mit dem Fisch im Dampfgarer zubereiten.
Schalotten fein hacken und in einer Pfanne am Herd in Olivenöl rösten. Eierschwammerln mitbraten, würzen und die gehackte Petersilie beigeben. Zucchini mit flüssiger Butter in der Schale kurz schwenken und salzen.
Die Fischfilets mit den Zucchinistücken und den gerösteten Pilzen servieren.

Tipp:
Als Beilage reichen Sie feine Bandnudeln in Olivenöl und Zitronensaft geschwenkt!

4 Portionen | Aufwand: 30 Minuten

GAREN:
Vital Dampf 96 °C 15 Minuten

Gefüllte Champignons mit Krabben

12 Riesenchampignons
1 Knoblauchzehe
100 g Schinken
1 EL Dill, gehackt
1 EL Schnittlauch, geschnitten
1 EL Petersilie, gehackt
250 g Nordseekrabben oder Shrimps
200 g Creme fraîche
2 Eigelb
Salz, Pfeffer

Champignons waschen, trocken tupfen, Stiele vorsichtig abdrehen.
Den gekochten Schinken in Würfel schneiden und mit der zerdrückten Knoblauchzehe, Dill, Schnittlauch und Petersilie vermischen. Nordseekrabben gut abspülen und dazugeben. Creme fraîche mit Eigelb verrühren, salzen, pfeffern und vorsichtig unter die Masse heben. Die Champignonköpfe damit füllen und in einen flachen, ungelochten Garbehälter setzen (je nach Größe der Champignons eventuell auf zwei Garbehälter verteilen) und im Dampfgarer zubereiten.

Mit frischem Toast servieren.

4 Portionen | Aufwand: 25 Minuten

GAREN:
Blattspinat: Vital Dampf 96 °C 10 Minuten
Pangasiusfilets: Vital Dampf 96 °C 10 Minuten

Gefüllte Pangasiusfilets

auf Blattspinatbett

4 Pangasiusfilets
1 Zitrone
Salz, Pfeffer

1 große rote Zwiebel
1 EL Butter
250 ml Rotwein
1 TL Speisestärke
1 TL Zucker

300 g frischer Blattspinat
4 Cocktailtomaten, halbiert
250 g Fischfond (Glas)
150 g Creme fraîche
Salz, Pfeffer
Koriander, gemahlen

Fisch mit Zitronensaft beträufeln, salzen und pfeffern.
Zwiebel schälen, in feine Streifen schneiden und in Butter glasig dünsten. Wein angießen und 10 Minuten köcheln lassen, mit Salz, Pfeffer und Zucker würzen. 5 EL We n mit Stärke verquirlen und Zwiebel damit binden, danach abkühlen lassen.

Einen Teller mit Butter einfetten. Gewaschenen und in kleinere Stücke zerteilten Blattspinat darauf ausbreiten, salzen, pfeffern und im Dampfgarer blanchieren.
Inzwischen die Zwiebelfarce auf den Fischfilets verteilen und aufrollen. Auf den blanchierten Spinat setzen und mit den halben Cocktailtomaten bestreuen. Im Dampfgarer 10 Minuten dämpfen, danach warm stellen.
Fischfond mit Koriander in einem Topf aufkochen, Creme fraîche zugeben und sämig einkochen lassen. Die Hälfte des Dämpfsuds durch ein Sieb dazugießen, leicht einkochen und mit einem Schneebesen schaumig rühren.
Die Panagasiusröllchen auf Blattspinat anrichten und mit der Sauce garnieren.

Tipp: Dazu passt Wildreis.

4 Portionen | Aufwand: 40 Minuten

GAREN:
Schollenröllchen und Reis: Vital Dampf 96 °C 20 Minuten

Schollenfilets gefüllt mit Mandeln, Ziegenfrischkäse und Tomatenwürfel

4 große Schollenfilets
120 ml Weißwein trocken

Fülle:
100 g Mangold
8 EL Mandelblättchen
2 EL Kapern
200 g Ziegenfrischkäse
2 Eigelb

Sauce:
120 ml Schlagobers
Fischfond
1/2 EL Maisstärke
Salz, Pfeffer
2 Tomaten

Aus den Tomaten und den Mangoldblättern den Strunk herausschneiden. Im Dampfgarer 10 Minuten blanchieren. Im kalten Wasser abschrecken und die Haut von den Tomaten abziehen. Tomaten entkernen und in kleine Würfel schneiden.
Mandeln, Kapern, Ziegenfrischkäse und Eigelb in einer Schüssel verrühren. Schollenfilets salzen, pfeffern und die Mangoldblätter darauflegen. Die Füllung darauf verteilen und zusammenrollen. Die gefüllten Filets in eine ungelochte Garschale geben, mit Wein angießen und im Dampfgarer zubereiten.
Schlagobers erhitzen und die Maisstärke in etwas Wasser auflösen. Nach dem Dämpfen den Fischfond aus dem Garbehälter zum Schlagobers geben und mit der aufgelösten Maisstärke binden, mit Salz und Pfeffer abschmecken.
Die Schollenröllchen auf einem Teller mit Safranreis und Sauce anrichten.

Tipp:
Wenn Sie Safranreis dazu servieren wollen, dann geben Sie Safranfäden in den Reis (1 Tasse Reis auf 1 Tasse Wasser) und garen ihn bereits ab dem Blanchieren der Tomaten mit. Somit wird alles gleichzeitig fertig.

4 Portionen | Aufwand: 6 Stunden einweichen + 30 Minuten

GAREN:
Bohnen: Vital Dampf 96 °C mindestens 70 Minuten
Fischfilets: Vital Dampf 90 °C 15 Minuten

Wolfsbarsch

auf weißen Bohnen mit Tomaten-Ruccolakrusteln

4 Stück Wolfsbarschfilet
Meersalz

Bohnen:
1,5 l Wasser
150 g weiße Bohnen, getrocknet
4 Petersilstängel

Kruste:
2 Semmeln
6 getrocknete Tomaten
40 g Ruccola
2 EL Olivenöl

Bohnen in einer ungelochten Schale über Nacht oder mindestens 6 Stunden einweichen.
Die Bohnen mit dem Einweichwasser unter Zugabe der Petersilstängel ohne Salz im Dampfgarer zubereiten.
Anschließend in ein Sieb abgießen, Petersilstängel entfernen und die Bohnen mit Klarsichtfolie bedecken.

Wolfsbarschfilets in eine Schale legen, mit Meersalz bestreuen und im Dampfgarer zubereiten.

Semmeln grob hacken. Getrocknete Tomaten in Würfel schneiden. Semmelwürfel und Tomaten in einer Pfanne am Herd in Öl rösten. Ruccola waschen, trockentupfen. Nach dem Rösten die Bohnen mit der Hälfte des Ruccolas in einer Pfanne in Olivenöl schwenken. Restlichen Ruccola fein schneiden, mit den gerösteten Tomaten und den Semmelwürfeln mischen.

Die Fischfilets auf den Bohnen anrichten, mit Tomaten-Ruccolakrusteln garnieren.

4 Portionen | Aufwand: 45 Minuten

GAREN:
Vital Dampf 96 °C 30 Minuten

Französische Fischsuppe Bouillabaisse

1 Zwiebel
2 Knoblauchzehen
1 Karotte
1/2 Lauch (ohne Grün)
2 Kartoffeln
1 Lorbeerblatt
1 Thymianzweig
1 EL Olivenöl
250 ml Weißwein, trocken
700 ml Wasser oder Fischfond
Salz
Pfeffer, gemahlen
8 Stk. Safranfäden
500 g Fischfilet, festfleischig
(Lachsfilet, Seeteufel etc.)
50 g Shrimps
15 Stk. Muscheln

Gemüse in Streifen, Kartoffeln würfelig und Fisch in mundgerechte Stücke schneiden. Zusammen mit allen anderen Zutaten in eine Schale geben und im Dampfgarer zubereiten.

Tipp:
Die Fischsuppe kann mit vielen Zutaten ergänzt werden, z. B. Fleischtomaten, Fenchel, Paprikaschoten, Ingwer, Creme fraîche etc.

An der Mittelmeerküste wird die Fischsuppe durch Sauce Aioli oder Pesto zum kulinarischen Hochgenuss! Dazu reicht man geröstetes Baguette, welches mit einer Knoblauchzehe abgerieben wird.

4 Portionen | Aufwand: 30 Minuten

GAREN:
Vital Dampf 96 °C 15 Minuten

Riesengarnelen mit Eiernudeln und Chili

250 g Eiernudeln
12 Stk. Riesengarnelen
4 EL Sojasauce
1 EL Austernsauce
2 EL Chilisauce
Zucker
1 EL Tomatenketchup
50 ml Sherry
1 Stk. Ingwer, geschält
2 Chilischoten, klein geschnitten
1 kg Erbsenschoten

Eiernudeln mit 1 l Wasser in einer Schale im Dampfgarer zubereiten. Garnelen putzen und in etwas Ol venöl anbraten, dann alle Zutaten zugeben, würzen und die gekochten Eiernudeln unterheben. Alles gut durchmischen und sofort anrichten.

4 Portionen | Aufwand: 30 Minuten

GAREN:
Vital Dampf 85 °C 12 Minuten

Viktoriabarsch-Rosmarin-Spieß

mit amerikanischem Salat

Fisch:
400 g Viktoriabarschfilet
4 Rosmarinzweige
1 Chilischote, frisch
2 EL Olivenöl
Salz

Salat:
2 rote Paprikaschoten
1 Salatgurke
12 Kirschtomaten
1 rote Zwiebel

Marinade:
1 EL frischer Koriander, Blätter gezupft
4 EL Olivenöl
2 EL Fischsauce
1 EL Zitronensaft
Salz, Pfeffer

Fischfilet in 3 cm große Stücke schneiden und auf Schaschlikstäbchen aufspießen.

Rosmarinzweige waschen, Nadeln zur Hälfte abstreifen und beiseite legen.

Chilischote längs halbieren, entkernen, fein würfeln. Die Fischspieße mit Chilischote, Olivenöl und Salz würzen und in einer Garschale im Dampfgarer zubereiten.

Paprikaschoten halbieren, entkernen und in feine Streifen schneiden. Die Gurke schälen, halbieren, mit einem Teelöffel entkernen und würfeln. Die Kirschtomaten vierteln, Zwiebel in Scheiben schneiden und alle Salatzutaten gut vermischen. Mit der Marinade übergießen.

Die fertigen Fischspieße mit den Rosmarinzweigen dekorieren und auf einem Salatbett anrichten.

6 Portionen | Aufwand: 45 Minuten

GAREN:
Feuchte Heißluft oder Intervall Dampf 200 °C 35 Minuten

Penne Puttanesca

1 Zwiebel
4 Knoblauchzehen
1 Glas schwarze Oliven
6 Stk. Sardellenfilets
3 EL Kapern
2 EL Tomatenmark
4 Dosen geschälte Tomaten

500 g Penne
1 l Wasser
2 TL Salz
Pfeffer
Oregano

3 EL Parmesan, gerieben

Zwiebel und Knoblauch hacken. Mit den Oliven, Kapern, Sardellenfilets, Tomatenmark sowie den in Stücke gehackten Dosentomaten in ein tiefes Backblech geben und gut verrühren. Mit Salz, Pfeffer und Oregano würzen und Wasser angießen. Zum Schluss die Penne untermischen, in den kalten Dampfgarer stellen und zubereiten.
Nach dem Garen gut durchrühren und je nach Geschmack mit Parmesan bestreuen.

Tipp:
Die Pasta kann auch in anderen Geschmacksrichtungen zubereitet werden. Beachten Sie immer, dass das Verhältnis Teigwaren zum Saucenanteil 1 : 4 betragen muss. Wird die Pasta in einer Keramikform hergestellt, verlängert sich die Garzeit um 5–10 Minuten!

VEGETARISCHES

4 Portionen | Aufwand: 45 Minuten

GAREN:
Vital Dampf 96 °C 30 Minuten – je nach Größe

Gefüllte Kohlrabi

mit Paprika-Polenta und Sauce Hollandaise

4 Kohlrabi

Füllung:
1/2 Zwiebel
1 rote Paprikaschote
50 g Polenta
4 EL Wasser
2 Eier
3 EL Petersilie, gehackt
Salz, Pfeffer

Sauce:
1 Pkg. Sauce Hollandaise
2 EL Schlagobers

Kohlrabi schälen, einen Deckel davon abschneiden und die Kohlrabi mit einem Löffel aushöhlen, bis nur eine dünne Wand bleibt. Das ausgehöhlte Fruchtfleisch vom Kohlrabi fein hacken. Zwiebel und Paprikaschote ebenfalls fein schneiden. Petersilie zum zerkleinerten Kohlrabi geben, ebenso die Polenta, Wasser, Paprika, Zwiebeln und das Ei. Alles gut vermengen und mit Salz und Pfeffer kräftig würzen.
Masse in die Kohlrabi füllen, den Kohlrabideckel auflegen und in einen ungelochten Garbehälter setzen. Im Dampfgarer zubereiten. Am Ende der Garzeit das Päckchen Sauce Hollandaise in den Sud einrühren, weitere 5 Minuten bei gleicher Einstellung fertig garen. Sauce abschmecken, mit Schlagobers verfeinern und mit der restlichen Petersilie bestreuen.

Tipp:
Dazu Tomatensauce und Kartoffelpüree servieren.

4 Portionen | Aufwand: 30 Minuten

GAREN:
Vital Dampf 96 °C 15 Minuten

Gedämpfte Kürbiskernbällchen

mit Kürbiskernöl-Vinaigrette

Bällchen:
1/2 Tasse Couscous
120 g Magertopfen
100 g Tofu, klein gewürfelt
1/2 Zwiebel
4 EL Kürbiskerne, gehackt
1 Karotte, klein gewürfelt
2 Eigelb
1 TL Senf
Salz
Galgant, gemahlen
Piment, gemahlen
3 EL Petersilie, gehackt

Vinaigrette:
3 EL Essig
Dämpffond der Bällchen
1 EL Apfelsirup
Salz, Pfeffer
4 EL Kürbiskernöl

Dekoration:
100 g Sojasprossen
1 gelbe Rübe, in feinen Streifen
20 g Kürbiskerne, geröstet

Alle Zutaten für die Bällchen vermengen, kräftig abschmecken und Bällchen formen. Die Bällchen in einen ungelochten Garbehälter setzen und im Dampfgarer zubereiten.
In der Zwischenzeit für die Vinaigrette alle Zutaten verrühren.

Gedämpfte Bällchen auf der Gemüse-Sojasprossen-Mischung anrichten, etwas vom Dämpffond in die Vinaigrette einrühren, über die Bällchen gießen und servieren.

4 Portionen | Aufwand: 45 Minuten

GAREN:
Feuchte Heißluft oder Intervall Dampf 200 °C 30 Minuten

Italienische Gemüse-Nudelpfanne

400 g Farfalle
200 ml Schlagobers
1 Becher Creme fraîche
750 ml Gemüsesuppe
1 Zucchini
1/2 Karfiol
2 Tomaten
Salz
Pfeffer
Oregano

zum Bestreuen:
40 g Parmesan

In einer Metall-Garschale Schlagobers, Creme fraîche und Gemüsesuppe mit Salz und den Gewürzen verrühren. Das kleingeschnittene Gemüse und die ungekochten Nudeln beigeben. Nochmals alles durchrühren und gleichmäßig verteilen. Im Dampfgarer zubereiten.
Nach dem Garen durchrühren und 1 Minute nachziehen lassen. Auf Tellern anrichten, mit Parmesan bestreuen und servieren.

Tipp:
Wenn Sie die Nudeln in einer Keramikform zubereiten, dann verlängert sich die Garzeit um 10 Minuten!

Varianten:
Zucchini und Knoblauch
Kürbis und Tomaten
Lauch und Käse
Zwiebel und Pilze
Räucherlachs und 1 Kaffeelöffel Oberskren
Gorgonzola

4 Portionen | Aufwand: 45 Minuten

GAREN:
Vital Dampf 96 °C 15 Minuten
Überkrusten: Infrabraten oder Heißluftgrillen 210 °C 15 Minuten

Geschmorter Schafskäse „Mediterran"

400 g Schafskäse (Feta)
2 Zucchini
2 Zwiebeln
4 EL Olivenöl
2 EL Balsamico
1 TL Salz
Pfeffer
Koriander, gemahlen
4 getrocknete Tomaten

Tomatenpesto:
10 getrocknete Tomaten
ca. 100 ml Olivenöl
1 EL Parmesan
1/2 Knoblauchzehe

Zucchini in längliche Streifen und Zwiebel in Ringe schneiden. Danach abwechselnd in einen geschlossenen Garbehälter schichten, mit Schafskäsescheiben abschließen. Mit Olivenöl und Essig beträufeln und den Gewürzen abschmecken. Im Dampfgarer zuerst dämpfen und dann überbacken.
Für das Pesto alle Zutaten fein pürieren und beiseite stellen. Vor dem Servieren mit getrockneten Tomaten belegen und mit dem Tomatenpesto garnieren.
Dazu passt frisches Baguette.

Tipp:
Das Gericht lässt sich auch hervorragend mit Oliven, eingelegten Artischocken oder Auberginen verfeinern. Je nach Saison können selbstverständlich auch frische Tomaten verwendet werden.

6 Portionen | Aufwand: 40 Minuten

GAREN:
Intervall Plus 110 °C 30 Minuten

Polentaterrine

mit Gemüse im Pistazienmantel

150 g Polenta
450 ml Milch oder Wasser
1–2 Karotten

Mantel:
5 EL Pistazien

grünes Öl:
1/2 Bund Petersilie
100 ml Olivenöl
Salz
Kerbel zum Garnieren

Terrinenform mit Öl bestreichen. Mit einer Klarsichtfolie auslegen. Polenta in die Form geben. Milch oder Wasser eingießen, salzen und umrühren. Karotten in kleine Würfelchen schneiden und darübergeben. Im Dampfgarer offen zubereiten.
Nach dem Garen die Oberseite mit einem Löffel glatt streichen, danach kalt stellen. Nach dem Erkalten aus der Form stürzen und die Klarsichtfolie entfernen. Für den Mantel die Pistazien hacken und die Terrine darin wälzen.

Für das grüne Öl alle Zutaten mit dem Stabmixer ganz fein pürieren und dann mit einem sauberen Tuch in einem Sieb abtropfen lassen – so entsteht ein klares grünes Öl, das mit der Terrine und den Kerbelblättern serviert wird.

Tipp:
Füllen Sie die Terrine mit verschiedensten Gemüsesorten.
Auch viele andere Mantelversionen werden Sie begeistern:
z. B. Blüten, Sesam, Kürbiskerne, Kräuter, Parmesan.

4 Portionen | Aufwand: 1,5 Stunden

GAREN:
Intervall Dampf 190 °C 45 Minuten

Gemüselasagne

Gemüse:
1/2 Brokkoli
1/2 Stange Lauch
1 Karotte
100 g Champignons
2 Pkg. passierte Tomaten à 500 g
2 Knoblauchzehen

Bechamel:
40 g Butter
40 g Mehl
500 ml Milch
Salz, Oregano
Muskatnuss, gerieben

Einlage:
16 Stk. Lasagneblätter
100 g Edamer Schnittkäse
100 g Mozzarella

Brokkoli in Röschen teilen, Stiele in Scheiben schneiden, Lauch und Karotten in feine Ringe, Champignons in Stücke schneiden. Aus Butter, Mehl und Milch eine kräftig gewürzte Bechamelsauce zubereiten. Tomatensauce in eine feuerfeste Form füllen, einen Teil vom geschnittenen Gemüse daraufgeben. Bechamel darübergießen und verstreichen. Teigblätter auf die Bechamel legen. Abwechselnd Gemüse, Lasagneblätter und Bechamel in die Form schichten. Die oberste Schicht sollte aus Teigplatten bestehen. Diese mit der restlichen Bechamelsauce bestreichen. Mozzarella in kleine Würfel schneiden und zusammen mit dem geriebenen Edamer als Abschluss auf der Lasagne verteilen. Im Dampfgarer zubereiten. Leicht überkühlen lassen, dann mit einer Backschaufel Portionen ausstechen und servieren.

Tipp:
Verwenden Sie je nach Jahreszeit frische Gemüsesorten.

4 Portionen | Aufwand: 60 Minuten

GAREN:
Kartoffel: Vital Dampf 96 °C 35 Minuten
Backen: Intervall Dampf 200 °C 15 Minuten

Gebackene Kartoffeln

mit Pesto und gefüllter Feta-Dattel

6 Kartoffeln
12 Riesendatteln
150 g Schafskäse (Feta)
4 EL Pesto (aus dem Glas)
12 Rosmarinzweige

Kartoffeln gut waschen, halbieren und mit der Schale im Dampfgarer zubereiten. Kartoffeln überkühlen assen, danach auf der Unterseite etwas abschneiden, damit sie gut stehen. Mit einem Teelöffel ein wenig aushöhlen. Das Pesto einfüllen. Riesendattel auf einer Seite einschneiden und entkerren. Dattel mit einem Stück Schafskäse füllen. Einen Rosmarinzweig durch die Dattel in den Kartoffel stechen, damit alles fixiert ist und beim Backen oder Servieren nichts abfallen kann. Im Dampfgarer backen.

Tipp:
Dieses Gericht lässt sich sehr gut vorbereiten und wird erst kurz vor dem Servieren gebacken. Ideal als Vorspeise oder für die Party zwischendurch.

4 Portionen | Aufwand: 60 Minuten

GAREN:
Grießmasse: Vital Dampf 96 °C 20 Minuten
Knödel: Vital Dampf 96 °C 30 Minuten

Grießknödel

500 ml Milch
150 g Weizengrieß
Salz
Muskatnuss, gerieben
1 Ei

Gemüse:
200 g Okraschoten
1 gelbe Paprikaschote, geviertelt
12 Kirschtomaten

Limettenbutter:
100 g Butter
1 TL Curry
Saft von 2 Limetten

Schwarzer Sesam zum Bestreuen

Kalte Milch mit Grieß, Salz und Muskatnuss in einer Schale verrühren und im Dampfgarer zubereiten. Danach mit einem Schneebesen gut durchrühren. Eier zügig einrühren und gut vermischen, überkühlen lassen.
Für das Gemüse die verschiedenen Gemüsesorten waschen, schneiden, salzen und auf das ungelochte Blech legen. Mit nassen Händen Knödel formen und zum Gemüse auf das Backblech geben. Im Dampfgarer zubereiten.
Für die Limettenbutter den Limettensaft mit Curry in einem Topf erhitzen und die Butter einrühren, mit dem Schneebesen leicht aufschlagen. Die Grießknödel damit übergießen, mit schwarzem Sesam bestreuen und sofort servieren.

Hinweis:
Der Weizengrieß kann auch durch Polenta oder Buchweizenmehl ersetzt werden.

Tipp:
Rollen Sie die Knödel nach dem Dämpfen in frisch gehackten Kräutern, Kürbiskernen, Sonnenblumenkernen, Pistazien, Sesam, Butterbrösel oder Leinsamen.

5 Portionen | Aufwand: 1,5 Stunden

GAREN:
Vital Dampf 85 °C 1 Stunde

Karottenpudding
mit Senfsauce

1 kg Karotten
1 Zwiebel
5 EL Butter
10 EL Petersilie, gehackt
300 g TK-Erbsen (auftauen lassen)
6 Eier
150 ml Creme fraîche
Salz, weißer Pfeffer
Paprika
Cayennepfeffer
Muskatnuss

Senfsauce:
1 Schalotte
1 EL Pflanzenöl
6 TL Senf
120 ml Schlagobers
120 ml Gemüsesuppe
Schnittlauch

Zwiebel klein hacken und in 3 EL Butter glasig dünsten. Karotten grob raspeln und zur Zwiebel geben. Zusammen 10 Minuten dünsten. Petersilie untermischen und salzen. Eine Wasserbadform mit der restlichen Butter einfetten und Gemüse abwechselnd einschichten. Eier mit der Creme fraîche gut verquirlen, mit Salz, Pfeffer, Paprika, Cayennepfeffer und geriebener Muskatnuss kräftig würzen und über das Gemüse geben. Puddingform mit dem Deckel verschließen oder mit Alufolie abdecken und im Dampfgarer zubereiten.

Während der Pudding gart, für die Sauce die Schalotte fein hacken und in Öl weichdünsten. Senf unterrühren, mit der Fleischbrühe und dem Schlagobers aufgießen. Sauce dicklich einkochen lassen, abschmecken.

Pudding vorsichtig auf eine Platte stürzen, mit Sauce und Schnittlauch garnieren.

4 Portionen | Aufwand: 40 Minuten

GAREN:
Vital Dampf 96 °C 30 Minuten

Spargel mit Schinken

auf Sauce Tacchino

1 kg Spargel, weiß
400 g Putenschinken

Sauce:
800 g Tomaten
2 gelbe Zwiebeln
Tomatenmark
1 Bund Basilikum, frisch
Salz, Pfeffer

Schinken fein würfeln. Tomaten kurz in heißes Wasser tauchen und häuten, ebenfalls in Würfel schneiden. Beides mit Tomatenmark verrühren, mit Salz, Pfeffer und etwas gehacktem Basilikum abschmecken. Die Sauce in einen ungelochten Garbehälter füllen.
Spargel schälen und 2 cm von den Enden abschneiden. In eine gelochte Garschale legen und mit der Sauce im Dampfgarer zubereiten.

Die fertige Sauce über den gekochten Spargel verteilen und mit einigen Basilikumblättchen garnieren.

Tipp:
Schneiden Sie vorher vom Putenschinken einige dünne Scheiben ab und umwickeln Sie vor dem Servieren einige Spargelstangen zur Dekoration!

4 Portionen | Aufwand: 80 Minuten

GAREN:
Phase 1 Gären: Intervall Dampf 50 °C 20 Minuten
Phase 2 Backen: Intervall Dampf 190 °C 30 Minuten

Hirtenpizza

Pizza mit Schafskäse und Gemüse

Pizzateig:
500 g Mehl
1 Päckchen Trockengerm
300 ml Wasser
2 EL Olivenöl
Salz

Belag:
1 Dose Pizzasauce
2 Knoblauchzehen
1 Zwiebel
3 Paprikaschoten (rot, grün und gelb)
10 Kapernbeeren, groß
10 Kalamata-Oliven
200 g Schafskäse (Feta)
Oregano
Peperoncino

Für den Teig alle Zutaten zusammen in eine Rührschüssel geben und mit der Küchenmaschine zu einem glatten Teig verarbeiten. Teig abdecken und 20 Minuten rasten lassen. Danach ausrollen und auf ein Back- oder Patisserieblech legen. Mit der Tomatensauce bestreichen. Fein gehackten Knoblauch und in Ringe geschnittene Zwiebel darauf verteilen. Paprika in Stücke schneiden und ebenfalls auf den Teig legen. Kapern und Oliven sowie gewürfelten Schafskäse verteilen, mit Oregano und Peperoncino würzen. Im Dampfgarer zuerst gären, dann backen.

4 Portionen | Aufwand: 50 Minuten

GAREN:
Phase 1: Vital Dampf 96 °C 15 Minuten
Phase 2: Intervall Dampf 200 °C 30 Minuten

Kartoffel Wedges

mit Rosmarin

1 kg Kartoffeln
2 EL Olivenöl
Salz
Pfeffer
1 Rosmarinzweig

Kartoffeln waschen. Der Länge nach in Spalten schneiden. Auf einem Backblech verteilen. Olivenöl beigeben und durchmischen. Mit Phase 1 und 2 im Dampfgarer zubereiten. Wedges pfeffern und salzen. Rosmarinnadeln hacken und darüberstreuen. Durchmischen und servieren.

Tipp:
Die Wedges eignen sich nicht nur als Beilage, sondern können auch mit diversen Saucen und Dips serviert werden.
Zur Abwechslung variieren Sie mit anderen Kräutern, wie Chiliflocken, Curry, Paprika, Kümmel oder Brotgewürz.

4 Portionen | Aufwand: 50 Minuten

GAREN:
Spargel: Vital Dampf 96 °C 30 Minuten
Tomatensauce: Vital Dampf 96 °C 15 Minuten

Spargel mit Tofu

und Basilikumtomaten

28 Stangen weißer Spargel

Sauce:
1 Dose Pizzasauce
1 EL Tomatenmark
200 g Tofu
1 Bund Basilikum, frisch
Salz
Pfeffer

Spargel schälen und 2 cm von den Enden abschneiden. In eine gelochte Garschale geben.

Für die Sauce die passierten Tomaten in eine Garschale geben und mit dem Tomatenmark sowie den in Würfel geschnittenen Tofu vermischen. Die Sauce zum Spargel in den Dampfgarer stellen und gemeinsam garen.

Tomatensauce nach dem Garen würzen, mit dem grob gehackten Basilikum mischen und über den auf Tellern angerichteten Spargel gießen.

4 Portionen | Aufwand: 45 Minuten

GAREN:
Intervall Dampf 160 °C 30 Minuten

Ratatouille

Provencalischer Gemüsetopf

3 Paprikaschoten (rot, gelb und grün)
1 Aubergine
1 Zucchini
1 Tomate
1 Zwiebel
2 Knoblauchzehen
Salz, Pfeffer
Tabasco
Kräuter der Provence
100 g Tomatenketchup
200 ml Gemüsesuppe
4 EL Tomatenmark

Die Paprikaschoten entkernen, vierteln und in Streifen schneiden. Auf einem tiefen Backblech verteilen. Zucchini und Aubergine in mundgerechte Scheiben schneiden, die Fleischtomate würfeln und ebenfalls auf dem Backblech verteilen. Gehackten Zwiebel und Knoblauchzehen zum Gemüse geben und mit Salz, Pfeffer, Tabasco sowie Kräutern der Provence würzen. Tomatenketchup, Gemüsesuppe und Tomatenmark unterrühren.
Im Dampfgarer zubereiten.

SÜSSES & DESSERTS

4 Portionen | Aufwand: 40 Minuten

GAREN:
Vital Dampf 96 °C ca.15 Minuten

Birnen
in Rotweinschaum

4 große Birnen
2 EL Zucker
1 l Rotwein
2 EL Honig
1 Spritzer Zitronensaft
1/2 Zimtstange
Mandelsplitter

Rotweinschaum:
40 g Zucker
2 Eier
100 ml Rotwein, eingekocht

Zucker, Wein, Honig, Zitronensaft und Zimtstange in eine kleine Schale geben und gut umrühren.
Birnen schälen, Kerngehäuse herausschneiden und in den Wein legen.
Im Dampfgarer zubereiten. Nach 10 Minuten Stichprobe mit einem kleine Messer machen, die Birnen sollten noch Biss haben. Birnen aus dem Dampfgarer nehmen und im Sud erkalten lassen. Nach dem Erkalten Birnen herausnehmen und abtropfen lassen. Den Sud in einer Pfanne bei starker Hitze für den Rotweinschaum einkochen, dabei zwischendurch umrühren.
Rotweinreduktion mit Zucker und Eiern im Wasserbad schaumig schlagen, bis eine schaumige Masse entstanden ist.

Sofort anrichten und etwas vom eingedickten Sud darübergeben, mit Mandelsplitter garnieren.

Tipp:
Birnen lassen sich für ein Menüdessert bis zum Aufschlagen des Rotweinschaumes vorbereiten!

12 Portionen | Aufwand: 2 Stunden

GAREN:
Phase 1 Anbacken: Al Gusto Heißluft oder Pizzastufe 200 °C 20 Minuten – zuerst vorheizen!
Phase 2 Soufflieren: Feuchte Heißluft oder Intervall Dampf 150 °C 50 Minuten

Topfentorte gebacken

150 g Mehl
70 g Butter
30 g Staubzucker
1 EL Marillenmarmelade, passiert

Topfenmasse:
600 g Topfen, mager
20 g Vanillepuddingpulver
70 g Mehl
60 g Staubzucker
7 Eigelb
1 Msp. Zitronenschale, gerieben
1 Päckchen Vanillezucker
Salz
250 ml Milch
7 Eiklar
120 g Kristallzucker

Für den Mürbteig kalte Butter mit Staubzucker und Salz verkneten und Mehl kurz einarbeiten. Kalt stellen. 2 Tortenringe mit Durchmesser 26 cm übereinander bereitstellen. Boden einer Tortenform mit Butter fetten.
Mürbteig ausrollen und den Boden der Backform auslegen. Mit Marillenmarmelade bestreichen.
Den zweiten Tortenring ohne Boden auf den ersten stellen. Mit Backpapier die Innenseite der übereinander stehenden Tortenringe auskleiden und diese Papierröhre fixieren (z. B. mit Büroklammern).
Dampfgarer vorheizen. Topfen, Puddingpulver, Mehl, Zitronenschale und Vanillezucker in einer Schüssel glattrühren. Eiklar mit Salz zu Schnee schlagen und Zucker nach und nach beigeben, sodass ein fester Eischnee entsteht. Topfenmasse vorsichtig unter den Eischnee heben. In die Backform füllen. Im Dampfgarer mit Phase 1 und Phase 2 zubereiten.
Achtung: die Torte wird beim Backen bis zu 20 cm hoch, sie fällt aber danach wieder zusammen.
Auskühlen lassen, Ringe und Backpapier entfernen. Mit Staubzucker bestreuen und mit Minze garnieren.

Tipp:
Hervorragende Diättorte

4 Portionen | Aufwand: 45 Minuten

GAREN:
Milch wärmen: Intervall Dampf 50 °C 12 Minuten
Pudding: Intervall Dampf 85 °C 35 Minuten

Espresso-Schoko-Pudding
mit Physaliskompott

2 Vanilleschoten
100 g Kuvertüre, edelbitter
250 ml Schlagobers
150 ml Milch
1 EL Espressopulver Instant
6 Eigelb
4 EL Zucker

Zutaten Physaliskompott:
2 Körbchen Physalis
125 ml Orangensaft
3 EL Kristallzucker
1 EL Maisstärke

Vanilleschoten aufschneiden, Mark herauskratzen und dieses mit Schlagobers, Milch, Schokolade, Zucker und Espressopulver im Dampfgarer wärmen. Eigelb in die Schokomilch geben und mit dem Schneebesen zügig unterrühren. Förmchen (Puddingform, Espressotassen) mit Öl einpinseln und mit Frischhaltefolie auskleiden, Pudding in Förmchen füllen und mit Folie abdecken. Im Dampfgarer zubereiten.

Für das Physaliskompott 4 EL Orangensaft mit der Maisstärke verrühren. Restlichen Orangensaft, Kristallzucker, Chili und Sternanis aufkochen und leicht einkochen lassen. Dann mit der verrührten Maisstärke abbinden und auskühlen lassen.

Puddingformen kurz in heißes Wasser tauchen, aus der Tasse stürzen und mit Physaliskompott servieren

Tipp:
Schmeckt lauwarm und kalt.

8 Portionen | Aufwand: 2 Stunden

GAREN:
Garen mit Funktion Auftauen 2 x 20 Minuten
Dampfnudeln: Vital Dampf 90 °C 20 Minuten

Riesen-Dim sum mit Mango-Kokosfülle auf Bananenblatt mit süßer Chilisauce

500 g glattes Mehl
100 g Kristallzucker
3/4 Päckchen frische Germ
350 ml Kokosmilch
1 Ei
50 g Butter
1 Prise Salz
2 EL Kokosflocken
1 Mango
6 Bananenblätter
4 EL süße Chilisauce

Das Mehl in eine Schüssel sieben, in die Mitte eine Vertiefung drücken. Germ in die Mulde bröckeln und etwas Zucker darüberstreuen. Mit 150 ml lauwarmer Kokosmilch zu einem Vorteig verrühren und ca. 20 Minuten gehen lassen. Ei, 100 ml Kokosmilch, Butter, Salz und Kokosflocken verquirlen und mit dem Vorteig so lange verrühren, bis dieser Blasen wirft. Nochmals ca. 20 Minuten gehen lassen. In der Zwischenzeit die Mango schälen und in kleine Stücke schneiden. In einem Topf 100 ml Kokosmilch mit 50 g Zucker erhitzen und die Mangostückchen darin einkochen, bis sie eine kompottartige Konsistenz aufweisen.

Teig zu einer Rolle formen und in 8 gleich große Stücke teilen und zu Kugeln formen. Mit dem Daumen eine Vertiefung drücken, ca. 1–2 EL des Mangokompotts hineingeben, zu einer Kugel formen. Mittig 2 Kugeln auf einem Bananenblatt platzieren.

Im Dampfgarer zubereiten und warm auf dem Bananenblatt servieren. Süße Chilisauce über die Dim sums träufeln.

4 Portionen | Aufwand: 30 Minuten

GAREN:
zuerst Backblech bei 230 °C vorheizen
Anbacken: Feuchte Heißluft oder Intervall Dampf 200 °C 12 Minuten
Ausbacken: Feuchte Heißluft oder Intervall Dampf 200 °C 5 Minuten

Kaiserschmarren

mit Zwetschkenröster oder Preiselbeeren

Vorteig:
500 ml Milch
230 g glattes Mehl
4 Eier
1 Prise Salz
1 Päckchen Vanillezucker
geriebene Zitronenschale
2 EL Rosinen
4 EL Rum

Vorteig herstellen: Milch, Mehl, Salz, Vanillezucker, Zitronenschale, Rosinen und Rum zu einem glatten Teig verrühren (ohne Eier). Sobald das Backblech vorgeheizt ist, die Eier in den Vorteig geben und mit einer Gabel nur kurz durchrühren. Das heiße Backblech aus dem Dampfgarer nehmen, mit Butter bestreichen und sofort mit dem Kaiserschmarrenteig begießen. In den mittleren Einschub geben und anbacken – dabei Türe nicht öffnen! Ist die Zeit abgelaufen, den Kaiserschmarren aus dem Dampfgarer nehmen und in kleine Stücke schneiden oder zerreißen. Mit Zucker bestreuen. Einige Minuten im Dampfgarer ausbacken lassen.

Auf einem Teller anrichten und mit Staubzucker bestreuen. Mit Zwetschkenröster oder Preiselbeeren servieren.

6 Portionen | Aufwand: 40 Minuten

GAREN:
Kastaniensoufflé: Intervall Dampf 90 °C 25 Minuten
Schokosauce: Vital Dampf 80 °C 15 Minuten

Kastaniensoufflé

auf Schoko-Orangen-Sauce

2 Eier
50 g Rohrzucker
1/2 Päckchen Vanillezucker
100 g Kastanienreis
1 EL Rum
20 g Kochschokolade, gerieben
20 g Semmelbrösel

Schokosauce:
200 g Kochschokolade
(oder Orangenschokolade)
100 ml Milch
40 ml Cointreau

Zwergorangensauce:
2 EL Kristallzucker
100 g Zwergorangen
250 ml Orangensaft

Für die Zwergorangensauce Kristallzucker in einer Pfanne schmelzen und mit dem Orangensaft ablöschen, die Zwergorangen in Scheiben schneiden und zugeben, langsam einkochen lassen, dann beiseite stellen.

Souffléformen oder Kaffeetassen mit Butter befetten und mit Zucker ausstreuen.

Für die Schokosauce Milch, Schokolade und Cointreau in eine Garschale geben, mit Folie abdecken und in den Dampfgarer stellen. Vor dem Kaltstellen kurz durchrühren.

Für das Soufflé die Eier trennen. Eiweiß zu Schnee schlagen. Dotter mit Rohrzucker und den Gewürzen schaumig rühren. Geriebene Schokolade, Kastanienreis und Rum hinzufügen. Vorsichtig den Schnee und die Brösel unterheben. Die Masse in die Förmchen füllen und im Dampfgarer zubereiten.

Soufflés aus dem Dampfgarer nehmen, auf Teller stürzen und mit den beiden Saucen sofort servieren.

Zusätzlicher Deko Tipp:
Am Vortag Orangen in 2-mm-Scheiben schneiden, auf das Anti-Haft-Patisserieblech legen und mit Staubzucker bestreuen. Mit der Funktion „Dörren" einige Stunden im Dampfgarer zu Chips trocknen!

10 Portionen | Aufwand: 2,5 Stunden

GAREN:
Phase 1 Gären: Intervall Plus 50 °C
Phase 2 Backen: Intervall Dampfgaren 145 °C 45 Minuten

Butterzopf

mit Powidl und Nüssen

250 g Mehl
40 g Kristallzucker
40 g Butter
1/2 Päckchen Trockengerm
120 ml Milch, lauwarm
1 Eigelb
Salz
Vanillezucker
Zitronenschale

Fülle:
150 g Haselnüsse, gerieben
150 g Powidl

zum Bestreichen:
1 Ei

Etwa ein Drittel der lauwarmen Milch mit einer Prise Zucker und der Trockengerm verrühren. Etwas Mehl einrühren, bis ein dicker Brei entsteht. Dampfl 15 Minuten bei Phase 1 gären.
Haselnüsse mit Powidl mischen und etwas Wasser beigeben.
Restliches Mehl, Milch, Zucker, Salz, Ei, Aromaten und weiche Butter mit dem Dampfl zu einem glatten weichen Teig verkneten. Zugedeckt im Dampfgarer 45 Minuten mit Phase 1 gären.
Danach Teig zusammenschlagen und zu drei Striezel rollen.
Flachdrücken und 5 cm breit ausrollen. Fülle auftragen und zusammenrollen, die Naht gut zusammendrücken. Mit den gefüllten Striezeln einen Zopf flechten. Auf ein Back- oder Patisserieblech legen. Im Dampfgarer 30 Minuten mit Phase 1 gären. Danach mit versprudeltem Ei bestreichen. Im Dampfgarer mit Phase 2 backen.

Tipp:
Ohne Füllung erhalten Sie einen wunderbaren luftigen leichten Frühstückszopf. Der Ablauf und die Einstellungen bleiben die selben.

FLEISCHGERICHTE
FISCHGERICHTE
VEGETARISCHES
SÜSSES & DESSERTS

6 Portionen | Aufwand: 30 Minuten

GAREN:
Intervall Dampf 90 °C 15 Minuten

Schokoladesoufflé

mit Ingwer und Chili

zum Schmelzen:
50 g Kuvertüre, edelbitter

zum Aufschlagen:
50 g Butter
40 g Rohrzucker
20 ml Bacardi Rum
1/4 Chilischote, frisch
2 TL Ingwer, fein gehackt
3 Eigelb
6 Eiklar
50 g Mandeln, gerieben
1/2 EL Mehl

1 frische Mango
etwas Marillengeist zum Marinieren

Souffléförmchen oder die Gläser mit zerlassener Butter ausstreichen und mit Rohrzucker ausstreuen. Butter mit Rohrzucker, Rum, Chili, Ingwer und Eidotter sehr schaumig rühren. Eiklar zu Schnee schlagen. Zerlassene temperierte Kuvertüre in die Buttermasse einrühren. Mandeln, Mehl und den Eischnee vorsichtig unterheben. Masse gut zur Hälfte in die Formen füllen und im Dampfgarer zubereiten.
Die Mango schälen, in Stücke schneiden und mit etwas Marillengeist marinieren.
Soufflé im Glas mit den Mangos und eventuell einer Mangosauce servieren und mit Schokolade verzieren.

Tipp:
Sie können auch frische, in etwas Himbeergeist marinierte Beeren (z. B. Himbeeren, Heidelbeeren etc.) statt der Mango verwenden. Ingwer und Chili kann auch durch 1–2 Tropfen Pfefferminzöl ersetzt werden.

2 Portionen | Aufwand: 30 Minuten

GAREN:
Feuchte Heißluft oder Intervall Dampf 190 °C 10 Minuten – zuerst vorheizen!

Salzburger Nockerln

3 Eigelb
2 EL Mehl
1 EL Maisstärke
Zitronenschale, gerieben

Eischnee:
5 Eiklar
1 Prise Salz
5 EL Zucker
1 Päckchen Vanillezucker

Unterlage:
4 EL Preiselbeeren
4 EL Schlagobers

Dampfgarer vorheizen.
In einer Keramik-Cocotte oder feuerfesten Glasschüssel Preiselbeeren verteilen und mit Schlagobers bedecken. Kaltes Eiklar mit Salz zu Schnee schlagen und nach und nach Zucker sowie Vanillezucker beigeben, bis ein fester Eischnee entsteht. Eigelb, das mit der Maisstärke vermischte Mehl sowie die Zitronenschale vorsichtig unter den Eischnee heben. Mit einer Teigkarte drei Nockerln formen und auf das Preiselbeer-Schlagobersbett setzen. Im Dampfgarer zubereiten.

Die Nockerln mit Staubzucker bestreuen und sofort servieren.

4 Portionen | Aufwand: 30 Minuten

GAREN:
Vital Dampf 90 °C 20 Minuten

FLEISCHGERICHTE
FISCHGERICHTE
VEGETARISCHES
SÜSSES & DESSERTS

Mozartknödel

aus Topfen mit Pistazien

500 g Magertopfen
2 Eier
1 Prise Salz
10 EL Semmelbrösel
4 EL Mehl
4 EL Butter

Fülle:
8 Mozartkugeln

Butterbrösel:
4 EL Butter
8 EL Semmelbrösel
6 EL Pistazien, gehackt

Alle Zutaten zu einem glatten Teig verkneten. Teig in 8 Stücke teilen, jeweils mit einer Mozartkugel belegen und zu Knödel formen. In einen gelochten eingeölten Behälter geben und im Dampfgarer zubereiten.
Inzwischen Brösel mit Butter in einer Pfanne anrösten. Die Knödel nach dem Garen sofort in den Butterbröseln wälzen.

Auf einem Teller anrichten und mit den gehackten Pistazien bestreuen.

Tipp:
Mit Kirschenkompott servieren.

14 Portionen | Aufwand: 2,5 Stunden

GAREN:
Intervall Dampf 150 °C 90 Minuten oder feuchte Heißluft – nicht vorheizen!

Sachertorte

200 g Butter
170 g Staubzucker
9 Eigelb
200 g Kochschokolade

Eischnee:
9 Eiklar
170 g Feinkristallzucker

Zum Melieren:
200 g Mehl

Füllung:
3 EL Marillenmarmelade (passiert)

Glasieren:
3 EL Marillenmarmelade (passiert)
300 g Schokoladenfondant oder Schokoglasur

Kochschokolade im Wasserbad weich werden lassen. Butter mit Staubzucker schaumig rühren, Eidotter nach und nach untermengen. Schokolade überkühlt, aber noch flüssig in die Buttermasse einrühren. Kaltes Eiklar mit Salz zu Schnee schlagen und nach und nach Zucker sowie Vanillezucker beigeben, bis ein fester Eischnee entsteht.
Schnee mit der Schokoladenbuttermasse vorsichtig mischen und Mehl darunterziehen.
In eine gebutterte Springform (26 cm) füllen und im Dampfgarer backen.

Nach dem Backen umdrehen und auskühlen lassen. Torte aus der Form nehmen, in der Mitte auseinanderschneiden und mit Marillenmarmelade füllen. Zusammensetzen und mit heißer Marmelade dünn bestreichen.
Schokoladenfondant erhitzen (ca. 50 °C) und die Torte auf einem Backofenrost glasieren. Auf eine Tortenplatte geben und abtrocknen lassen.

4 Portionen | Aufwand: 30 Minuten

GAREN:
Vital Dampf 96 °C 15 Minuten

Ananas-Mandel-Nocken

mit Papaya

100 g Magertopfen
40 g Mascarpone
1 EL Zucker
1 Eigelb
50 g Amaranth, gepufft
50 g Ananas, getrocknet und fein geschnitten
50 g Mandelblätter, gehackt
1/2 Vanilleschote

Salat:
1 große Papaya, sehr reif
1 EL Honig
20 ml Grand Marnier

Alle Zutaten vermengen, abschmecken und 10 Minuten quellen lassen. In der Zwischenzeit die Papaya schälen, einen Teil davon in kleine Stücke schneiden und beiseite stellen, den Rest der Papaya mit Honig und Grand Marnier einige Minuten marinieren, dann mit dem Stabmixer fein pürieren.

Die gequollene Ananas-Mandel-Masse mit einem Löffel zu NockerIn formen und in einen gelochten Garbehälter geben und im Dampfgarer zubereiten.

Die gegarten Nocken kurz abkühlen lassen und mit der Papayasauce sowie den Papayastücken anrichten.

4 Portionen | Aufwand: 45 Minuten

GAREN:
Intervall Dampf 90 °C 30 Minuten

Zitronensoufflé

Einmach:
250 g Butter
250 g glattes Mehl
100 ml Milch
1 Zitrone, unbehandelt
10 ml Grand Marnier oder Zitronenlikör
1 Eigelb

Eischnee:
1 Eiklar
20 g Zucker

Beerenmischung

Butter in einem Kochtopf zerlassen. Mehl hinzugeben und zu einer glatten Masse rühren. Milch nach und nach unter ständigem Rühren hinzugeben, kurz aufkochen lassen. Zitronenschale abreiben, dann die Zitrone auspressen, Zitronensaft und Likör zur Masse hinzufügen. Masse verrühren und überkühlen lassen. Souffléförmchen oder Tassen mit erwärmter Butter auspinseln und mit etwas Zucker ausstreuen.
Eier trennen, Eigelb zu der überkühlten Masse geben. Eiweiß mit dem Zucker steif schlagen und gleichmäßig unter die Masse heben. Die Masse in die vorbereiteten Förmchen verteilen und mit Klarsichtfolie abdecken. Auf den Rost stellen und im Dampfgarer zubereiten.
Die fertigen Soufflés auf Dessertteller stürzen und sofort mit einer Beerenmischung servieren.

Tipp:
Das Soufflé kann auch mit Vanillesauce serviert werden. Variieren Sie mit Orangen, Limetten, Kiwi oder Bananen!

4 Portionen | Aufwand: 30 Minuten

GAREN:
Haut abziehen: Vital Dampf 96 °C 10 Minuten
Pfirsiche: Vital Dampf 70 °C 10–15 Minuten

FLEISCHGERICHTE
FISCHGERICHTE
VEGETARISCHES
SÜSSES & DESSERTS

Pfirsiche mit Rosen-Marzipankrokant
auf marinierten Himbeeren

4 feste Pfirsiche oder Nektarinen

Fülle:
50 g Marzipanrohmasse
50 g Haselnusskrokant
1 EL Rosenwasser

250 g frische Himbeeren
3 EL Rosensirup
3 EL Himbeerlikör
Rohrzucker nach Bedarf

Dekoration:
40 g Haselnusskrokant
100 g Kuvertüre, edelbitter
Minzblätter, fein geschnitten

Den Pfirsichen ein kleines Kreuz in die Haut ritzen und im Dampfgarer andämpfen, sodass sich die Haut löst. Danach sofort mit kaltem Wasser abschrecken.
Himbeeren mit Sirup, Likör und etwas Zucker marinieren.

Schokokuvertüre in eine Tasse geben und mit Klarsichtfolie wasserdicht abdecken, im Dampfgarer schmelzen. Den Pfirsichen nun die Haut abziehen, eventuell mit dem Kartoffelschäler nachschälen, halbieren und den Kern herauslösen.
Marzipan mit Haselnusskrokant und Rosenwasser verkneten. Pfirsiche mit der Marzipanmasse füllen und wieder zusammensetzen. Aufrecht in einen gelochten Garbehälter stellen und im Dampfgarer zubereiten. Nach der halben Garzeit mit einer Nadel anstechen und prüfen, ob die Pfirsiche schon weich sind.

Pfirsiche auf etwas Krokant anrichten, mit marinierten Himbeeren garnieren und mit flüssiger Schokolade und Minzblättchen dekorieren.

10 Portionen | Aufwand: 2 Stunden

GAREN:
Gären: Funktion Auftauen 30 °C 40 Minuten + 20 Minuten
Dampfbuchteln: Intervall Dampf 140 °C 40 Minuten

Dampfbuchteln mit Nougat
in Vanillesauce

200 g Dinkelmehl
300 g Weizenmehl
100 g Butter
1 TL Salz
2 Eier
70 g Rohrzucker
1/2 Päckchen frische Germ
1 Msp. Zitronenschale, gerieben
1 Päckchen Vanillezucker
250 ml Milch

Fülle:
20 g Nougat

Vanillesauce:
500 ml Milch
25 g Vanillepuddingpulver
2 EL Zucker
1 EL Rum

Milch erwärmen, Germ mit wenig Milch verrühren. Mehl, Butter, Salz, Eier, Rohrzucker, geriebene Zitronenschale und Vanillezucker in eine Rührschüssel geben. Milch und Germ langsam hinzufügen und zu einem glatten, weichen Teig verkneten. Bei Bedarf die Flüssigkeit erhöhen. Teig ca. 5 Minuten durchkneten und danach im Dampfgarer mit einem Geschirrtuch abgedeckt gären lassen.
In der Zwischenzeit eine Vanillesauce zubereiten.
Nougat in Würfel schneiden.
Nun aus dem Teig ca. 10 Stück Buchteln formen und jeweils mit einem Nougatwürfel füllen, kurz in zerlassene Butter tauchen und anschließend in einen ungelochten befetteten Behälter setzen. Die Buchteln nochmals 20 Minuten im Dampfgarer gären lassen. Danach mit Intervall Dampf zubereiten.
Noch warm mit Vanillesauce servieren.

Tipp:
Die Zutaten für den Teig sollten Zimmertemperatur haben – die Milch nicht über 40 °C erwärmen!

5 Portionen | Aufwand: 50 Minuten

GAREN:
Anwärmen: Intervall Dampf 40 °C 6 Minuten
Creme Caramel: Intervall Dampf 85 °C 35 Minuten

Creme Caramel

Caramel:
150 g Zucker
3 EL Wasser

Eierguss:
500 ml Milch
1 Vanilleschote
1 Zimtstange
1 EL Maisstärke
2 ganze Eier
2 Eigelb
80 g Zucker

Minzblätter

Zucker mit Wasser in einem kleinen Kochtopf auf der Kochstelle karamellisieren lassen, in Souffléförmchen oder Tassen verteilen.

Milch in einen Garbehälter geben. Vanilleschote längs aufschlitzen, auskratzen und zusammen mit der Zimtstange zur Milch geben. Garbehälter in den Garraum schieben und anwärmen. Zimtstange und Vanilleschote aus der Milch nehmen. Stärke mit 3 EL Milch anrühren. Stärkemilch, ganze Eier und Eigelb mit Zucker gut verrühren. Die Milch zufügen und gut vermengen. In die vorbereiteten Förmchen füllen. m Dampfgarer zubereiten. Danach überkühlen und im Kühlschrank erkalten lassen. Danach auf Dessertteller stürzen und mit Früchten und Minzblättchen garnieren.

Tipp:
Creme Caramel am Vortag zubereiten – in den Förmchen hält sich das Dessert auch einige Tage im Kühlschrank!

8 Portionen | Aufwand: 1,5 Stunden

GAREN:
Intervall Dampf 150 °C 45 Minuten

FLEISCHGERICHTE
FISCHGERICHTE
VEGETARISCHES
SÜSSES & DESSERTS

Osterhase
aus gerührtem Germteig

100 ml Milch
1/2 Päckchen frische Germ
100 g Butter
50 g Staubzucker
3 Eier
200 g Mehl
1 Päckchen Vanillezucker
2 EL Rosinen
Salz
1 Msp. Zitronenschale, gerieben

Germ in lauwarmer Milch auflösen. Weiche Butter mit Staubzucker schaumig rühren. Nach und nach Eier mit je einem EL Mehl beigeben. Das restliche Mehl, Rosinen, Zitronenschale, Vanillezucker sowie die Milch mit der Germ zugeben und alles gut durchrühren, bis ein glatter Teig entsteht. Kleine Osterhasenformen mit flüssiger Butter ausstreichen und mit Mehl stauben. Den Teig einfüllen und an einem warmen Ort 20 Minuten gehen lassen. Danach im Dampfgarer zubereiten.

Einige Minuten überkühlen lassen und vorsichtig aus der Form stürzen. Nach dem vollständigen Auskühlen mit Schokolade Augen gestalten und mit Staubzucker bestreuen.

6 Portionen | Aufwand: 1,5 Stunden

GAREN:
Vital Dampf 85 °C 15 Minuten

Germnudeln

mit Nüssen und Vanillesauce

Teig:
250 g Mehl
50 g Butter
20 g Feinkristallzucker
1 Ei
1/2 Päckchen frische Germ
120 ml Milch
1 Prise Salz

Außerdem:
120 g Butter
20 g Haselnüsse, gerieben
20 g Staubzucker
100 g Preiselbeerkompott

Vanillesauce:
750 ml Milch
100 g Feinkristallzucker
40 g Vanillepuddingpulver

Germ in Milch auflösen und mit Mehl, Butter, Zucker, Ei und Salz in einer Schüssel verarbeiten. Die Konsistenz des Teiges sollte weich und geschmeidig sein, eventuell Milch nachgießen. Teig zugedeckt an einem warmen Ort 30 Minuten gehen lassen. Danach vom Teig kleine Stücke abzupfen und zu fingerdicken Nudeln drehen. Nudeln auf ein Backblech legen, mit einem Geschirrtuch abdecken und nochmals 15 Minuten gehen lassen, danach im Dampfgarer zubereiten.
Inzwischen Vanillesauce herstellen und warm halten.
Butter schmelzen, Staubzucker mit den Nüssen mischen. Sind die Germnudeln gegart, sofort in die flüssige Butter tauchen und in den Nüssen wälzen. Auf Vanillesauce in Suppentellern anrichten, mit Staubzucker und Preiselbeeren garnieren.

Tipp:
Alle Zutaten für den Teig sollten Zimmertemperatur haben, die Milch muss lauwarm sein.

FLEISCHGERICHTE
FISCHGERICHTE
VEGETARISCHES
SÜSSES & DESSERTS

10 Portionen | Aufwand: 30 Minuten

GAREN:
Vital Dampf 96 °C 20 Minuten

Marillenknödel

mit Butterbrösel

Teig:
50 g Butter
60 g Rohrzucker
2 Eier
1 Päckchen Vanillezucker
1 Msp. Zitronenschale, gerieben
250 g Magertopfen
200 g Frischkäse
140 g Semmelbrösel

Früchte:
10 Marillen, mit Würfelzucker gefüllt
oder auch: Erdbeeren, Zwetschken

Butterbrösel:
2 EL Butter
100 g Semmelbrösel
4 EL Zucker
Zimt, gemahlen

Butter mit Rohrzucker, Vanillezucker, Eiern und Zitronenschale schaumig rühren. Topfen und Frischkäse nach und nach hinzufügen. Zum Schluss die Brösel untermengen. Einige Minuten rasten lassen. In der Zwischenzeit die Früchte vorbereiten.
Aus dem Teig mit je einer Frucht in der Mitte Knödel formen. Einen gelochten Garbehälter mit feuchter Küchenrolle auslegen, die Knödel darauf verteilen und im Dampfgarer zubereiten.
In der Zwischenzeit die Brösel vorbereiten: Butter schmelzen, Brösel, Rohrzucker, Zimt unterrühren und kurz anrösten.

Die gegarten Knödel in den Böseln wälzen und anschließend servieren.

Tipp:
Zu den warme Knödeln eine kalte Fruchtsauce reichen.

14 Portionen | Aufwand: 1,5 Stunden

GAREN:
Intervall Dampf 160 °C 60 Minuten oder feuchte Heißluft

Linzer Torte

gerührt

Butteranschlag:
250 g Butter
100 g Staubzucker
1 Päckchen Vanillezucker
Zimt, gemahlen
Zitronenschale, gerieben
6 Eier
150 g Feinkristallzucker
Nelkenpulver
200 g Mehl
50 g Maisstärke
250 g Mandeln, gerieben

Fülle:
1 Oblate (groß, rund)
4 EL Preiselbeeren

Dekoration:
1 EL Mandelblättchen
Staubzucker

Alle Zutaten wiegen und bereitstellen, das Mehl und die Maisstärke sieben. Backform (26 cm) bereithalten.
Weiche Butter, Staubzucker und Gewürze schaumig rühren. Eier trennen. Eigelb nach und nach beigeben.
Eiklar mit einer Prise Salz aufschlagen, Feinkristallzucker nach und nach beigeben, bis ein fester, steifer Schnee entsteht.
Eischnee vorsichtig unter die Buttermasse ziehen.
Mehl und Maisstärke mit den geriebenen Mandeln mischen und vorsichtig unter die Masse heben. Die Hälfte der Masse in die gebutterte Backform füllen. Mit einer Oblate abdecken.
Die andere Hälfte der Masse in einen Dressiersack füllen und am Tortenrand einen Ring aufspritzen. Die Preiselbeermarmelade auf der Oblate verteilen. Über die Marmelade ein Gitter dressieren. Mit Mandelblättchen bestreuen. Im Dampfgarer backen.
Auskühlen lassen und aus der Form schneiden. Mit Staubzucker bestreuen.

Tipp:
Wird die Linzer Torte nach einigen Tagen trocken, einfach in den Dampfgarer stellen: Intervall Plus 130 °C 30 Minuten.

8 Portionen | Aufwand: 1,5 Stunden

GAREN:
Hirse: Vital Dampf 96 °C 35 Minuten
Auflauf: Intervall Plus 120 °C 30 Minuten
Überkrusten: Infrabraten 200 °C 12 Minuten

Süßer Hirseauflauf

mit Boskop-Äpfeln

200 g Hirse, ganz
200 ml Milch
200 ml Wasser
Salz

100 g Butter
100 g Rohrzucker
4 Eier
1 Päckchen Vanillezucker
Zimt, gemahlen
Zitronenschale
3 g Backpulver

Früchte:
2 Boskop-Äpfel
100 g Mandelblättchen

Hirse mit Milch, Wasser und Salz in einen Behälter geben und im Dampfgarer zubereiten. Danach auskühlen lassen.
Eier trennen, Butter, Dotter, Vanillezucker, Zimt und Zitronenschale schaumig aufschlagen. Ausgekühlte Hirse sowie das Backpulver hinzufügen und gut durchmischen. Die Hälfte der Äpfel reiben und ebenfalls damit vermengen. Eiklar zu Schnee schlagen und vorsichtig unter die Masse heben.
Einen Garbehälter mit Butter bestreichen und mit Semmelbröseln bestreuen. Die Masse einfüllen, mit dünnen Boskop-Apfelspalten belegen und mit Mandelblättchen sowie Staubzucker bestreuen. Im Dampfgarer zubereiten und zum Schluss überkrusten. Noch warm servieren.

Tipp:
Der Hirseauflauf kann auch mit vielen anderen Obstsorten zubereitet werden. Wenn Sie ein Kompott dazu servieren, dämpfen Sie das Kompott einige Minuten mit der Hirse mit!

25 Portionen | Aufwand: 60 Minuten

GAREN:
Vital Dampf 96 °C 20 Minuten

Kokos-Reis-Bonbon

100 g Rundkornreis
150 ml Wasser
60 g Ananasstücke, getrocknet
2 TL Ingwer, gehackt
Zitronenschale, gerieben
4 EL Kokosraspel
4 EL Pinienkerne
3 EL Zucker
3 EL Kokosmilch
2 EL Sauerrahm

Kokosmantel:
10 EL Kokosraspel
1 kleine Ananas
2 EL Zucker
1 EL Butter
100 ml Orangensaft

Reis und Wasser in einem ungelochtem Garbehälter einen halben Tag einweichen.
Ananasstücke und Würzzutaten beigeben und im Dampfgarer zubereiten. Anschließend 20 Minuten abkühlen und nachquellen lassen. Danach die restlichen Zutaten hinzufügen, Bällchen formen und diese im Kühlschrank einige Stunden abkühlen lassen. In Kokosflocken wälzen.

Die Ananas schälen und in Scheiben schneiden, dabei den Strunk ausschneiden. Zucker in einer Pfanne erhitzen und die Ananasscheiben beidseitig braten, mit Orangensaft ablöschen und der Butter verfeinern. Bällchen auf den Ananasscheiben anrichten und mit der Sauce garnieren.

FLEISCHGERICHTE
FISCHGERICHTE
VEGETARISCHES
SÜSSES & DESSERTS

6 Portionen | Aufwand: 20 Minuten

GAREN:
Vital Dampf 90 °C 10 Minuten

Gewürz-Blinis
mit Calvadoskompott

Teig:
80 g Maisstärke
100 g Dinkelmehl
40 g Haselnüsse, gerieben
60 g brauner Rohrzucker
1 Päckchen Backpulver
Anis, gemahlen
Fenchel, gemalen
Zitronenschale, gerieben
200 ml Milch
1 Ei

Kompott:
1 EL Honig
400 g Äpfel, in Spalten geschnitten
50 g getrocknete Sauerkirschen
50 ml Calvados
1/2 Zimtstange
Minzblätter

Honig, Apfelspalten, getrocknete Sauerkirschen und Calvados in einem ungelochten Garbehälter vermengen und im Dampfgarer zubereiten.

Eier trennen. Mehl, Würzzutaten, Nüsse, Vollrohrzucker und Backpulver vermengen und mit Milch zu einem festen Teig verrühren. Den Teig 10 Minuten quellen lassen. Danach Eigelb in den Teig einrühren. Eiweiß zu Schnee schlagen und unter den Teig heben. In einer Pfanne mit Pflanzenöl kleine Blinis braten.

Gebackene Blinis mit Calvadoskompott anrichten und mit frischer Minze dekorieren, noch warm servieren.

Das perfekte Menü

Für eine gelungene Menüfolge kommt es nicht allein auf die einzelnen Speisen an, sondern auch auf die richtige Kombination. Wie in vielen Lebensbereichen hat heute auch in der Küche individuelle Kreativität einen höheren Stellenwert als das Befolgen traditioneller Vorschriften. Und doch sind einige der klassischen Regeln in Hinblick auf eine gelungene Speisenfolge sinnvoll.

Wichtig ist zunächst einmal Abwechslung. Bei ganz grundlegenden Zutaten wie etwa Kartoffeln muss man das nicht so eng sehen, aber vor allem exotische und intensive Ingredienzien sollten besser nur vereinzelt eingesetzt werden. Weil das Auge bekanntlich mitisst, empfiehlt es sich, den Farbton der Speisen ebenfalls abwechslungsreich zu gestalten.

Selbstverständlich spielt die Reihenfolge der servierten Speisen eine wichtige Rolle. Dazu ein paar Faustregeln:

- Kalte Vorspeisen werden vor der Suppe gereicht, warme Vorspeisen zwischen Suppe und Hauptgang.
- Ganz allgemein sollte das Menü stets vom Leichteren (Gemüse, Fisch) zum Schwereren (Fleisch) hin aufgebaut werden. Das gilt nach Möglichkeit auch für die Zubereitungsarten (Gekochtes und Gegartes vor Gebratenem und Frittiertem).
- Beim Fleisch gilt: Immer helles vor dunklem Fleisch reichen.
- Ob der Käse zwischen Hauptgang und Dessert oder mit etwas zeitlichem Abstand als endgültiger Abschluss der gesamten Speisefolge gereicht wird, hängt davon ab, ob der während dem letzten Hauptgang gereichte Wein zum Käse passt – nach dem süßen Dessert wird in der Regel ohnehin kein Wein mehr getrunken.

Neben Abwechslung und der richtigen Reihenfolge ist das perfekte Menü auch harmonisch abgestimmt. Die Vorspeisen sollten den Hauptgang nicht dominieren, das Dessert noch einmal für einen abschließenden Höhepunkt sorgen, denn den letzten Eindruck nimmt man mit nach Hause.

Je nach Art des Hauptganges kommt natürlich eine Vielzahl von Getränken in Frage, und es sollte auch nicht auf eine alkoholfreie Alternative vergessen werden, aber die Königsdisziplin ist hier nach wie vor die Auswahl der Weine:

- Weißwein gehört zu Speisen mit hellem Fleisch und hellen Soßen und natürlich zu Fisch. Rotwein zu Gerichten mit dunklem Fleisch und schweren Soßen.
- Dementsprechend wird man auch in der Menüfolge von leichten Weißweinen zu schweren Rotweinen übergehen. Zum Abschluss, als Übergang zum süßen Dessert, empfiehlt sich etwas Erfrischendes wie Prosecco, Sekt oder Champagner.
- Wird auch ein Aperitif und/oder Digestif gereicht, sollte auf schwere Weine oder eventuell auf den Sekt/Champagner verzichtet werden, damit nicht zu viel Alkohol zusammenkommt.

Essen ist Kultur, und Kulturen unterscheiden sich – das sollte auch bei der Menüzusammenstellung beachtet werden. Auch abseits der hinlänglich bekannten religiösen Verbote (z. B. Moslems: Schweinefleisch, Hindus: Rindfleisch) haben viele Menschen individuelle Essgewohnheiten. In Europa gibt es immer mehr Vegetarier und Veganer ganz ohne religiösen Hintergrund, die sich über eine fleischlose Alternative in der Menüfolge freuen, Amerikaner dagegen sind oft Antialkoholiker.

IMPRESSUM

Medieninhaber, Herausgeber und Verleger: Eigenverlag Electrolux Hausgeräte GmbH, 1230 Wien
www.electrolux.at
www.kochzeit.at

2. Auflage 2009
ISBN 978-3-200-01295-0

Redaktion, grafische Gestaltung, Layout und Satz: KreativAgentur un!art KunstWerkStattWerbung
1080 Wien www.unart.com

Foodfotografie: Fotostudio Eisenhut & Mayer
1070 Wien www.eisenhut-mayer.com

Foodstyling: Alexander Knakal

Fotos: © Electrolux 2008

andere Fotos: © Dreamstime (Seite 8)

Rezepte und Rezeptzusammenstellung: Dipl. Diätkoch Franz Stolz

Haftungsausschuss: Alle in diesem Buch enthaltenen Angaben, Rezepte, Vorschläge etc. wurden von den Autoren nach bestem Wissen erstellt und von ihnen und dem Verlag mit größtmöglicher Sorgfalt überprüft. Gleichwohl sind inhaltliche Fehler nicht vollständig auszuschließen. Daher erfolgen die Angaben etc. ohne jegliche Verpflichtung oder Garantie der Verlages oder der Autoren. Eine Haftung der Autoren und des Verlags für Personen-, Sach- und Vermögensschaden ist ausgeschlossen.